T0209155

# DE LA CELDA DE UNA PRISIÓN
# A MILLONARIO

FRANZ SZAWRONSKI

authorHOUSE®

*AuthorHouse™*
*1663 Liberty Drive*
*Bloomington, IN 47403*
*www.authorhouse.com*
*Teléfono: 833-262-8899*

*Publicada por AuthorHouse  10/09/2020*

*ISBN: 978-1-6655-0412-6 (tapa blanda)*
*ISBN: 978-1-6655-0410-2 (tapa dura)*
*ISBN: 978-1-6655-0411-9 (libro electrónico)*

En el mundo hay personas que dejan caminos repletos de cosas buenas que seguir e imitar y con las que mejorar, mientras que otros únicamente dejan fango que limpiar.

—Juan Santacoloma

# AGRADECIMIENTOS

Quiero dedicar este libro a las personas maravillosas que Dios ha traído a mi vida. Primeramente, por supuesto, a mi madre y a mi padre por no permitir que me rindiera. En la cárcel recuerdo haber sentido que mi vida había terminado completamente y haber pensado que estaría mejor muerto, pero entonces vino mi madre a verme y me dio fuerzas. No tienes ni idea de cómo me ayudó a creer en mí mismo y a buscar a Dios para que me diera la fortaleza necesaria para seguir adelante. ¡Gracias, mamá! Papá, te doy las gracias por perdonarme por haber sido un completo idiota y un mal muchacho. ¡Lo digo en serio! Hice cosas terribles y te lastimé, y aun así me mostraste amor incondicional, perdonándome y convirtiéndote en un padre fantástico para mí. Eres un gran hombre.

También quiero mencionar a mi abuelo Weaver. Cuando estaba en una de las peores cárceles del condado, teniendo que pelear para conservar mi propia comida, lo llamé por teléfono y él rezó por mí y me dijo que ese no era el camino para mí. Me dijo que Dios podía cambiarlo todo. Mi abuelo falleció hace unos años, pero a menudo recuerdo sus palabras.

No puedo olvidarme de mi hermano, que era muy pequeño cuando lo dejé atrás e ingresé en prisión. Sé que eso te afectó y que no fui un buen ejemplo para ti. Lo siento mucho. Me encanta ver el hombre y el padre tan increíble en que te has convertido. Te quiero, hermano, y espero que puedas perdonarme.

También a mis asombrosas hermanas, Laura y Angela. Recuerdo que, cuando éramos niños, nos quedábamos hablando toda la noche de Nochebuena y yo me quedaba dormido sobre el piso de su dormitorio. Son ustedes dos personas y madres asombrosas. Les doy las gracias porque, aunque no entendían por qué hice las cosas que hice, ambas continuaron rezando por mí. Esas oraciones me ayudaron a no abandonar toda esperanza en la vida. Muchísimas gracias, Laura y Angela.

Por supuesto, tampoco puedo olvidarme de todos mis hijos: mi hijo y mi hija de mi primer matrimonio y mis dos angelitos con mi esposa actual. Los amo a los cuatro y espero que se conviertan en mejores personas de lo que fui yo y no cometan los mismos errores que yo cometí en mi vida. Todos ustedes me animan cada día simplemente viendo o recordando sus sonrisas, y pensando en todas las buenas cualidades que tienen cada uno de ustedes.

Por último, aunque no menos importante, quiero dar las gracias a mi preciosa esposa por entrar en mi vida, por enseñarme a ser sincero conmigo mismo y por mostrarme qué significa en realidad ser padre, incluso ahora que ambos estamos aprendiendo juntos. Te amo muchísimo y estoy agradecido por tenerte en mi vida. Soy completamente sincero cuando digo que no hay nadie como tú. Nos divertimos mucho siendo simplemente nosotros mismos y he llegado a amarte más y más cada día. Gracias por ser tú, amor mío.

Gracias a todos por amarme incondicionalmente. Espero que leer este libro abra los ojos a aquellos que sienten que su vida ha terminado y que no valen nada. Quiero brindar esperanza a los que están en prisión, ya sea física o emocionalmente, para que comprendan que pueden lograr cualquier cosa que quieran mediante el trabajo duro y la dedicación, y que nunca deberían aceptar lo que otros piensan de ellos, sino que únicamente deberían creer en lo que Dios piensa de ellos.

Como todo el mundo sabe, todos somos hijos de Dios, creados a Su imagen y semejanza. Les ruego, hermanos y hermanas, que crean y consigan lo imposible.

# INTRODUCCIÓN

Creo que todos nosotros hemos oído e incluso utilizado la frase: «Ayúdate a ti mismo, que yo te ayudaré». Muchas personas afirman que Dios dijo esta frase o que está en la Biblia, pero aparentemente esto es falso. Sin embargo, no hay nada más cierto que esa frase: «Ayúdate a ti mismo, que yo te ayudaré». En la vida hay dos tipos de personas: los que permanecen en silencio en casa o en el trabajo y se quedan paralizados toda su vida, y los que corren riesgos y salen a buscar nuevas aventuras y nuevos horizontes. Yo soy un hombre que ha tenido que recorrer muchos caminos oscuros y complicados. Desde que era niño, las carencias y los problemas formaban parte del menú diario en mi hogar, desde el desayuno hasta el almuerzo, e incluso a veces eso era lo único que teníamos para comer.

Nací en un área donde los jóvenes veían a los delincuentes como grandes triunfadores, con buenos autos y un montón de dinero, lujos, vicios y mujeres. Los contemplábamos desde las esquinas de la calle como un gato acecha a un ratón, pero sin atrevernos a dar el salto definitivo. Así éramos mis amigos y yo. Pasábamos mucho tiempo admirando a esos personajes, a los que considerábamos casi como de otro mundo. Queríamos ser como ellos. Sí, criminales. Eran los espejos en los que nosotros, niños desfavorecidos, nos mirábamos para ver nuestro futuro reflejado. Nada podría haber sido más absurdo e incoherente. Pero así era la vida en aquella época en el pequeño vecindario donde crecí. Era un lugar repleto de mafiosos italianos y su palabra era la ley.

No fue fácil crecer allí en esas circunstancias. Tarde o temprano, todos los jóvenes acababan implicados de algún modo en ese submundo de delincuencia. Yo no fui una excepción, por supuesto. Yo también participé en esos manejos casi maquiavélicos para desarmar a la justicia y actuar según nuestros propios deseos y conveniencia, pero siempre, en todo momento y en todas las cosas, estábamos vigilados y supervisados por los jefazos de esa poderosa mafia.

Tengo muchas historias y anécdotas de mi infancia, pero tengo muchas otras y mejores después de abandonar ese oscuro entorno ante el cual uno sucumbía y que me impregnó hasta la más profunda y recóndita fibra de mi ser. Es difícil entrar en ese mundo, pero, una vez que estás dentro, es mucho más difícil abandonarlo, especialmente con vida.

Por motivos negativos y adversos, se me presentó la oportunidad de cambiar mi vida de una forma radical. Pasé muchas noches sin dormir pensando qué hacer con mi vida y con mi futuro. No tenía ni la más remota idea de lo que iba a hacer. Solo sabía hacer lo que había aprendido en mi barrio con mis amigos.

Me encantaban los deportes y era bueno jugando al fútbol, pero eso no era algo que me convenciera lo suficiente como para dedicarme totalmente a ser exclusivamente jugador de fútbol. Volvía una y otra vez a la pregunta de qué hacer, y simplemente no sabía la respuesta. No tenía siquiera el más ligero entendimiento de lo que iba a suceder con mi vida o cómo quería que fuera.

Lo importante es creer en nosotros mismos y en nuestras capacidades. Los seres humanos, con toda nuestra grandeza, poseemos cualidades indescriptibles, desconocidas incluso para nosotros mismos, que están esperando a ser tocadas y estimuladas para emerger en toda su enormidad y demostrar todo de lo que son capaces.

La palabra *éxito* es un término subjetivo y depende enormemente de las necesidades, deseos, ambiciones y aspiraciones de cada persona. Hay otros factores como la educación, el entorno en el que se vive y el estrato socioeconómico que pueden afectar en mayor o menor medida a la naturaleza de lo que el éxito significa para cada persona. Debemos tener en cuenta que el éxito es personal, y lo que una persona ve como éxito tal vez no lo sea para otra.

Según su personalidad, planes y estilo, cada persona tiene cosas que quiere lograr. Para algunos, se trata de cosas pequeñas y sencillas, pero para otros son cosas grandes y complicadas. Lograrlas depende de la resolución y compromiso consigo mismos y de los objetivos que se fijen para sí mismos.

No deberíamos criticar nunca las metas y objetivos de los demás. Cada meta es personal, y es tan válida e importante como la nuestra. En el mundo habrá personas que piensen que tus metas y objetivos son pequeños e insignificantes. Dicho esto, es importante valorar a todas las personas por quiénes son, lo que representan, lo que quieren ser y lo que quieren conseguir. No deberíamos restar valor o menospreciar el alcance de su éxito. Los objetivos de cada persona, exactamente igual que los tuyos, son lo más importante para él o para ella. Son su razón de vivir. Son su razón para trabajar duro, poner en juego todo su esfuerzo y deseo, hacer sacrificios enormes y, resumiendo, dedicar su vida a su propia causa.

Al hablar sobre dedicar tu vida a tu propia causa, a lo que buscas y a lo que quieres, me gustaría ponerte un ejemplo de la diferencia entre estar comprometido con algo y simplemente estar implicado en algo.

Creo que muchos hemos disfrutado con un plato excelente y delicioso de huevos con jamón, así que analicemos el jamón y los huevos para ver qué significa implicarse y comprometerse. En este ejemplo hay dos animales que participan: la gallina que pone el huevo y el cerdo que proporciona el jamón.

La gallina solo pone su huevo, eso es todo. Su participación es mínima porque no hay nada de especial en poner un huevo, no implica nada extraordinario. En todo el mundo, a todos nos gusta tener gallinas que nos dan huevos para consumir cada día.

Por otro lado, para obtener jamón es necesario que el pobre cerdo pierda la vida. El cerdo debe estar totalmente comprometido para que nosotros disfrutemos nuestro jamón con huevos. La vida parece cruel, pero ambos animales cumplen su papel.

Eso es exactamente lo que quiero decir. Cuando decides embarcarte en una nueva aventura o en tu primera aventura, es importante que tengas en cuenta estos dos conceptos: implícate y comprométete.

Si realmente quieres y tienes la intención de alcanzar el éxito, debes dejar de ser un mero observador. Participa, implícate, comprométete y haz todo lo posible para lograr lo que realmente quieres. Debes salir de tu concha y abandonar tu zona de confort para alcanzar el éxito personal. Ocurra lo que ocurra, por muy grande o muy pequeño que sea un proyecto, cada proyecto personal es siempre enorme y merece toda nuestra atención y dedicación. Si este es tu primer proyecto, para tener éxito es mucho más importante que dediques todas tus fuerzas y te impliques totalmente a nivel personal. El éxito dependerá de ti y de tu compromiso.

¿Estás dispuesto a dedicarle suficiente tiempo y dejarte la piel en el campo de batalla para que tu éxito se convierta en una hermosa realidad? ¿O prefieres seguir siendo mediocre y sin ambiciones?

Si eres del primer tipo de personas que he mencionado, te sugiero que continúes leyendo para que puedas aprender y ampliar tu motivación. Si eres del segundo tipo de personas, detente aquí, cierra el libro y pide que te devuelvan el dinero, porque este libro no es para ti. No pierdas el tiempo.

Para ser una persona de éxito, debes alcanzar muchos objetivos, trabajar mucho y no flaquear nunca.

Esto me recuerda un poema que leí en la escuela y que representa un poco lo que quiero expresar y compartir con todos ustedes en este libro. El autor es John Greenleaf Whittier (1807–1892). Su poema se titula «No renuncies»[1]:

Cuando las cosas salen mal como a veces lo harán,
Cuando el camino que transitas parece cuesta arriba,
Cuando los fondos son bajos y las deudas altas
Y quieras sonreír, pero tienes que suspirar.
Cuando todo se te viene encima,
Descansa si es necesario, ¡pero no te rindas!
La vida es extraña con sus giros y vueltas,
Como todos nosotros a veces aprendemos.
Y muchos fracasos regresan
Cuando podría haber ganado si lo hubiera aguantado.
No te rindas aunque el ritmo parezca lento:
Tal vez tengas éxito con otro golpe.
El éxito es el fracaso al revés:
El tinte plateado de las nubes de duda.
Y nunca puedes adivinar qué tan cerca estás.
Puede estar cerca cuando parece tan lejano,
Así que mantente en la lucha cuando eres el más golpeado:
Es cuando las cosas parecen peores que no debes renunciar.

No creo que sea necesario explicar mucho del significado de esas hermosas palabras. Simplemente sigue adelante con tus ideas y tus sueños. ¡No los abandones! Te alimentarán y nutrirán tu alma, tu espíritu y tu ser. ¡Por favor, no te rindas!

Cuando era niño, mi familia no iba a restaurantes y ni siquiera comía

---

[1] http://www.yourdailypoem.com/listpoem.jsp?poem_id=1820.

hamburguesas. Mirábamos cómo los otros niños comían hamburguesas mientras nosotros teníamos que conformarnos con la deliciosa comida que preparaba mamá. Era siempre la misma y no parecía tan apetitosa como una hamburguesa fresca y jugosa con tomate, cebolla y lechuga sobre un tierno y sabroso panecillo que parecía que se iba a deshacer mientras lo comías. Ah, y eso sin mencionar el frío y burbujeante refresco al lado del plato que realzaba la exquisitez de la hamburguesa. Esa fue mi infancia, y la verdad es que no cambió mucho durante aquellos primeros años.

Cada día la vida nos regala maravillas y lecciones y, aunque para muchos el amanecer es doloroso a causa de la enfermedad, la pobreza, la miseria o simplemente la pereza, siempre es extraordinario tener la oportunidad de vivir otro día y tener la posibilidad de respirar, compartir, sentir, correr, reír, llorar, crear, producir y hacer cientos de cosas más. Tal vez eso es lo me ha ayudado a llegar a donde estoy ahora. Siempre salgo en busca de algo. No espero a que las cosas vengan a mí, todo lo contrario. Enfrento cada situación con integridad y aceptación para que no me doblegue, por muy fuerte que parezca.

Obviamente, he tenido momentos de debilidad y ocasiones en las que pensaba que iba a desfallecer o quebrarme, o en las que creí que tomarme un descanso podría ayudarme. Pero no, definitivamente no. Ese tiempo usado para descansar puede ser contraproducente y traer distracciones, especialmente si estás trabajando o luchando por alguna causa o motivo.

Nunca debes dejar las cosas a medias una vez las hayas empezado. Siempre debes acabarlas antes de tomarte un descanso, especialmente si aquello a lo que te enfrentas representa un problema o dificultad que requiere toda tu atención. Al igual que un descanso podría ser conveniente para ti, también podría serlo para las personas o situaciones que se interponen en tu camino, esas que de alguna forma son en realidad tu problema o dificultad.

Deberías completar cada tarea antes de pensar en tomarte un descanso o unas vacaciones. Esta ha sido parte de mi filosofía de vida y créeme, me ha dado muy buenos resultados, tal vez incluso desde que era niño, cuando vi y viví situaciones a las que no muchos niños tienen que enfrentarse a lo largo de sus vidas.

# 1

## RECUERDOS DE MIS PRIMEROS AÑOS

Mi padre siempre fue un hombre valiente y trabajador que estaba decidido a lograr muchas cosas. Lo consiguió, pero varias situaciones acabaron por minar nuestra relación y, por desgracia, no compartió mucho tiempo con la familia. Claro que su conducta decidió su futuro y el estilo de vida que lleva hoy. Siempre contó con una bendición, ya que se casó con mi madre. Ella se mantuvo firme junto a él, su esposo, al que juró amar y respetar toda su vida, y sigue haciéndolo hasta el día de hoy.

Mi padre llegó a los Estados Unidos cuando solo tenía nueve años. Su historia está repleta de impresionantes anécdotas, especialmente sobre su vida de niño y las dificultades que enfrentó su familia como resultado de la Segunda Guerra Mundial.

Era un hombre trabajador, siempre buscando dinero para pagar las facturas de casa, aunque debo confesar que sospecho que también pagó las facturas de algunos otros lugares porque teníamos dificultades para sobrevivir.

Aterrizó en Nueva York y, desde allí, se abrió camino en este país. Comenzó a trabajar cuando era muy joven y trabajó en tantos empleos como pudo. Jugó al fútbol y recibió una beca, pero tuvo que responsabilizarse y empezar a mantener una familia que estaba en camino. Trabajó en el negocio de la chatarra, como vendedor de autos y tuvo su propio restaurante. Realizó una gran variedad de trabajos para estar preparado para la llegada de sus primeras hijas, que eran gemelas.

No recuerdo mucho de él en esos años, solo que tenía una vida difícil y era muy estricto. Trabajaba mucho y no era una persona violenta. A veces transcurrían varios días con sus correspondientes noches sin que le viera. Mi madre, por supuesto, se preocupaba por esas largas ausencias que justificaba con su trabajo y la necesidad de mantener a nuestra familia.

Cuando era joven tuve mis diferencias con mi padre y no me quedó más remedio que actuar como el hombre de la casa en muchas ocasiones mientras mi madre estaba enferma. Mis dos hermanas también tenían sus diferencias con mi padre.

A veces salíamos por la noche a buscarlo a petición de mi madre. Éramos jóvenes y quizás no entendíamos la realidad. Mi madre nos decía que fuéramos a comer donuts u otra cosa para poder ir a ver dónde estaba y qué estaba haciendo. Más adelante comprendí que con quien estaba era también muy importante para mi madre.

Empecé a sentir un odio profundo hacia mi padre, una persona a la que no veía, pero a quien tenía que llamar papá. Albergué esos sentimientos y algunos más durante mucho tiempo. Por supuesto, esa era la percepción de un niño pequeño que no entendía la realidad de la situación y que no era consciente de todo el contexto de esa realidad que veía y vivía desde su propio punto de vista.

Ahora mi padre es anciano, aunque todavía trabaja y está con mi madre que lo acompaña lealmente y le ayuda en sus viajes. Gestionan su propio negocio inmobiliario. Arreglan las casas ellos mismos para volverlas a poner en el mercado. Parece que es un buen negocio.

Mi pobre madre Nancy, descendiente de italianos que llegaron a los

Estados Unidos, sufrió mucho con esta situación y, con el paso de los años, estos sufrimientos y penas le pasaron factura.

Mi madre es una mujer maravillosa que siempre cuidó y se ocupó de sus hijos. Siempre fue humilde y tremendamente honesta. Nunca mintió y no le gustaba que le mintieran. Nos cuidó todo el tiempo que pudo, protegiéndonos en todo momento y procurando nuestro bienestar.

Nació con unos preciosos ojos castaños que combinaban a la perfección con su piel pálida. Es delgada y mide cinco pies y dos pulgadas. Siempre cariñosa y afectuosa, nos cuidó y nos dio lo mejor de sí misma. Hoy todavía es esa mujer tierna y, a su avanzada edad, se merece solo lo mejor y más sagrado de este mundo.

Aunque mi madre no era muy efusiva mostrando su afecto, siempre nos hizo sentir su amor. Mantuvo una relación con cada uno de sus hijos lo mejor que pudo. Nos alentaba como nadie, una de las cualidades que más admiro en ella junto con su honestidad.

Gracias a mis padres tuve la oportunidad de conocer a Laura y Angela, mis dos hermanas gemelas mayores, y a mi hermano.

Las primeras tres mujeres de mi vida fueron mi maravillosa madre Nancy y mis hermanas Laura y Angela. Las tres siempre han constituido una parte esencial de cada momento de mi existencia.

Tenía una relación maravillosa con mis hermanas. Jugábamos juntos, íbamos a la misma escuela y compartíamos las tareas de la casa, como lavar los platos, limpiar y hacer otras cosas que nos pedía mamá y mamá era muy firme.

Tenía una relación tan estupenda con mis hermanas que de vez en cuando dormía en su dormitorio. Entonces ellas tenían unos dieciséis años y yo doce o trece años.

Laura, que ahora es enfermera, siempre fue especialmente afectuosa conmigo. Su hermoso cabello se asemejaba a lujosos mechones de oro que flotaban grácilmente cuando caminaba o saltaba. Angela, tierna y hermosa desde la infancia, fascinaba a la gente con su cabello dorado que parecía brillar con los rayos de sol.

A las dos les encantan los deportes y siempre me mostraron qué era lo mejor y fueron un gran ejemplo a seguir durante mi infancia. Por desgracia, decidí seguir un camino diferente.

Angela es maestra de educación especial y un ejemplo extraordinario para todos esos niños que necesitan amor, experiencia y profesionalidad. Aunque actualmente no trabaja, ya que educa en casa a sus hijos, con toda certeza regresará pronto con los niños que necesitan desesperadamente su conocimiento y experiencia.

Actualmente mis dos hermanas están casadas y, gracias a Dios, ayudan a la comunidad de formas diferentes con sus profesiones, educando, ayudando a desarrollarse, salvando vidas y aliviando el dolor físico de las personas que las rodean y las necesitan. Mis hermanas son dos hermosas bendiciones en mi vida.

No tuve una gran relación con mi hermano pequeño. En realidad, ni siquiera tuve la oportunidad de tener una relación. Es cuatro años más joven que yo y tal vez eso, junto con la vida que empecé a llevar a medida que crecíamos, se interpuso en nuestra relación.

Mi hermano es un hombre bondadoso, educado y amable. Como todos nosotros, él también practica deportes. Es un profesional especializado en mecánica de maquinaria pesada en una gran compañía, y le encanta el fútbol como a mí. Trabaja duro para mantener a su familia y cuida de sus dos hijitas.

Yo no diría que mi infancia fue normal. Hubo muchas cosas que dejaron cicatrices en mi vida y en las vidas de otros cercanos a mí. Distintas personas, situaciones y otras cosas, tanto internas en casa con mi familia como externas, en la calle, la escuela, el barrio y los amigos, ejercieron una gran influencia en mi infancia.

La época y el lugar en el que crecí me convirtieron en un muchacho con el que pocos querían relacionarse y que importaba a muy pocos, si es que le importaba a alguien, incluido yo mismo, porque creía que no iba a llegar a los dieciocho años. Por la forma en la que crecí estaba convencido que moriría antes de cumplir esa edad.

# 2

# HORA DE SALIR

Era una calurosa mañana de agosto del verano de 1974. Mi madre tenía unos dolores terribles, pero aun así intentaba preparar el desayuno para mi padre. Aparentemente, él no se daba cuenta o simplemente no le importaba que la pobre mujer se quejara de dolor mientras preparaba su desayuno. Mi padre apuró su último sorbo de café y se fue de casa como si todo fuera normal. Mi madre se retorcía de dolor en una silla. Mi hermana mayor Laura se acercó a ella y le preguntó si podía ayudarla de alguna forma, pero mi madre apenas podía hablar. Mi hermana salió a buscar a la vecina para que viera a nuestra madre. Yo no podía hacer nada para ayudar.

La vecina llegó. Tenía unos cincuenta años y pesaba más de doscientas libras. Siempre andaba entrando y saliendo de mi casa y por el barrio buscando chismes y una forma de usar su lengua viperina. Entraba en la casa como si fuera la suya. Hizo una especie de té de hierbas para mi madre, le dijo que se tranquilizara y aseguró que irían en breve al hospital. Nunca supimos de dónde era, pero tenía un acento extraño que hacía que se comiera el final de las palabras.

La señora agarró el teléfono y llamó al número de emergencias. Al cabo de unos minutos, las luces y las sirenas despertaron a todo el barrio. El personal de emergencias llevó a mi madre al hospital. A su llegada, un grupo de médicos y enfermeras se ocupó de ella casi inmediatamente. Unas horas más tarde, uno de los médicos salió y le dijo a mi padre, a quien habían llamado para que fuera al hospital: «¡Felicitaciones! ¡Es un niño!».

Mi padre dio un salto de emoción. Después de dos hijas, el niño que tanto había deseado y anhelado había llegado. Esa fue más o menos la historia de mi nacimiento. Mi padre se mostró solícito con mi madre y conmigo y no nos dejó solos ni un minuto.

Mis hermanas estaban emocionadas; parecía que yo era un muñeco que había traído Santa Claus por Navidad. Me cuidaban, me tomaban en brazos y me mimaban como si yo fuera el más precioso de sus juguetes. Por supuesto que sabían que yo era su hermano y lo que yo significaría en la casa. Lamentablemente, las vidas de mis hermanas no habían sido muy gratificantes en sus primeros años.

En las numerosas ocasiones en que mi madre no se sentía bien o cuando mis padres tenían una pelea, mi hermana Laura, la mayor de las gemelas, cuidaba de mi otra hermana Angela. Se consolaban la una a la otra para evitar ser parte de las discusiones que tenían mis padres.

# 3

## UNO DE LOS MOMENTOS MÁS ATERRADORES

Esa mañana parecía perfecta. Me levanté temprano, como todos los días, pero esta vez sentí una energía especial. Algo en mi interior me decía que iba a ser un gran día. Me levanté e inmediatamente me vestí con la ropa de entrenar, y salí de casa con la luna iluminando mi camino. Hice algunos ejercicios de calentamiento antes de correr por las calles durante casi una hora. Mi cuerpo estaba frío, y por eso decidí hacer ejercicios de calentamiento antes, para no afectar a mis músculos. Diez minutos después del calentamiento, empecé a correr mientras oía las bocinas de los autos en la distancia cuando ingresaban a la autopista.

Mientras atravesaba las calles, aumenté la velocidad y mi respiración se hizo más rápida. Corrí durante casi cuarenta y cinco minutos, hasta que mi cuerpo me dijo: «¡Suficiente! No abuses más de mí». Comencé a bajar el ritmo y, sin darme cuenta, ya estaba caminando hacia mi casa.

Todos estaban ya despiertos y preparándose para sus tareas diarias, como la escuela, limpiar, cocinar, deportes, deberes escolares y más. Mi padre no había venido a casa a dormir, algo que se había vuelto más habitual. Esto le causaba a mi pobre madre mucho dolor y noches de insomnio. Muchas veces presencié cómo mi madre no cerraba los ojos en toda la noche, y esa debía haber sido una de las muchas noches que pasó llorando y quejándose de su vida y su destino.

Me duché y agarré algo de comer. No teníamos mucho donde escoger. Salí hacia la escuela después de decirle adiós a mi madre con un beso en la mejilla, tal vez para consolarla por todo el sufrimiento que estaba pasándole factura y la estaba consumiendo, o quizás tan solo para decirle que no se preocupara y que dejara que mi padre viviera su vida para empezar ella a vivir la suya. Pero sabía que mi madre no podía dejar de preocuparse por mi padre y su bienestar.

De camino a la escuela, me encontré con algunos amigos que siempre me esperaban al lado del parque para jugar un poco antes de la primera clase. Ese día en particular habría preferido no ir a esa clase. Era matemáticas y lo odiaba (no la asignatura en sí, sino el maestro). Me miraba como si yo le debiera algo o como si yo fuera un extraterrestre.

Cuando llegamos al aula, descubrimos que el maestro estaba enfermo y se había tomado el día, y estaría con nosotros un maestro sustituto. Dos minutos antes de que empezara la clase, entró en la sala una rubia espectacular. Tenía unos preciosos ojos azules que se fundían con el cielo azul de aquel día. Me quedé petrificado, paralizado, y ni siquiera pestañeé. Mi amigo me empujó para que reaccionara. «¡Despierta, idiota!», me dijo. Esa clase hizo que comprendiera que las matemáticas y los números serían mi pasión.

En ese momento habría hecho cualquier cosa por evitar que sonara la campana que anunciaba que la clase había terminado. Habría dado cualquier cosa para quedarme en esa clase con esa maestra durante toda una vida, pero la campana sonó y regresé a la realidad. Nos dijo adiós con una sonrisa perfecta y la seguí con los ojos hasta que desapareció entre la multitud.

Las clases siguieron y ahí estaba ella, en mi cabeza, bailando entre fórmulas químicas, fechas históricas y capitales del mundo, hasta que un puñetazo en el pecho me despertó. Era el puño de mi amigo Kenny. Con un balón de fútbol en su otra mano, me dijo que era hora de ir a entrenar.

Ese balón de fútbol era el culpable de que me olvidara de la mujer que hasta ese momento había sido la mujer de mi vida.

Comenzamos a jugar y, como siempre, elegimos equipos y entrenamos durante bastante tiempo. El fútbol era algo que me apasionaba. Disfrutaba jugando y además era bueno. Mis amigos, mis entrenadores y yo pensábamos que tenía un gran potencial como jugador joven de fútbol. Por ese motivo jugaba con todo mi corazón, con pasión y orgullo. Además, ser un deportista reconocido me hizo famoso entre las chicas y me convirtió en la envidia del resto de chicos.

Mis amigos y yo jugando al fútbol

Después del entrenamiento fuimos a los vestuarios. Esa noche, mis amigos y yo habíamos planeado ir al cine e invitar a algunas chicas. Ese día fue perfecto. Cuando salí de los vestuarios me encontré con Charlynn, una morena preciosa que me había vuelto loco durante semanas, pero había sido incapaz de hablar con ella porque siempre estaba con sus amigas. Me dije: «Esta es mi oportunidad». Sin dudarlo le pedí una cita para esa noche. Después de un breve silencio, me dijo que sí. Ese día no podría haberle pedido más a la vida.

De camino a casa, estaba emocionado pensando en la ropa que iba a ponerme para impresionar a Charlynn. Entonces recordé que tenía que ir a la tienda a comprar leche y huevos como me había pedido mamá aquella mañana. Sin dudarlo, me desvié un poco y fui a la tienda. Estaba contento y tenía la confianza de que Dios había preparado ese día para mí.

Cuando llegué a casa, encontré la puerta abierta, algo que no era normal. Siempre teníamos la puerta cerrada porque mi barrio no era precisamente el más seguro de la ciudad, y siempre había gente intentando robar cosas de las casas. Todo estaba en silencio, excepto por el sonido de una persona sollozando. «Mi madre –pensé– llorando de nuevo porque mi padre no vino, no le dio nada de dinero o no le contó algo». Cuando subí, descubrí que no era mi madre quien lloraba, era mi hermano pequeño, casi en estado de shock. A su lado, mi madre yacía casi como muerta en medio de un baño de sangre en la bañera.

Mi hermano estaba paralizado y completamente quieto, y ni siquiera reaccionó cuando lo intenté. Confirmé que respiraba poniéndole la mano en el pecho. Después fui hacia mi madre. «Está muerta», pensé. Estaba fría al tacto. «Sí, está muerta», pensé de nuevo. Sin embargo, cuando puse la oreja más cerca de su boca y su nariz, noté una débil respiración. Intenté hacerle el boca a boca para la reanimación cardiopulmonar y llamar al número de emergencias al mismo tiempo, pero no pude hacer ambas cosas a la vez.

De repente, mi hermano pequeño empezó a reaccionar y, gracias él, pudimos llamar a emergencias y pedir ayuda.

Unos minutos más tarde, mi casa estaba llena de paramédicos mientras las sirenas y las luces ululaban por todo el barrio. Intubaron a nuestra madre y fue necesario un respirador artificial. Después de eso, la colocaron en una camilla y la introdujeron en una ambulancia para llevarla al hospital más cercano.

Mis hermanas llegaron a casa justo cuando estaba sucediendo todo esto. Laura y yo fuimos al hospital con nuestra madre, mientras Angela se quedaba en casa para cuidar a nuestro hermano pequeño.

Después de varias pruebas, análisis de sangre, medicaciones y exámenes médicos llevados a cabo por varios especialistas, el veredicto fue algo que nunca habría imaginado. Un médico de unos cuarenta años salió y se acercó a nosotros preguntando por los familiares de la señora Nancy. Laura y yo contestamos al unísono: «¡Sí! Somos sus hijos».

El médico preguntó si había algún adulto con nosotros y Laura repuso: «No, no sabemos dónde está nuestro padre y no tenemos forma de comunicarnos con él».

El médico se acarició el cabello y después se pasó la mano por la barbilla. «De acuerdo –dijo–, si no hay ningún adulto con el que hablar y son sus únicos familiares, debo decirles que la situación de su madre es seria muy seria. Como probablemente se imaginan, el estado de salud de su madre es verdaderamente delicado. Se encuentra en estado grave». Nuestra madre no había seguido las indicaciones de la receta de su medicina y aquello era extremadamente peligroso.

El médico añadió: «Aún es demasiado pronto para saber los efectos y reacciones que podrían causar estos medicamentos. Es necesario que su mamá se quede en el hospital un par de días hasta que todos los medicamentos se hayan eliminado completamente de su organismo, y entonces decidiremos qué forma de proceder debemos seguir, dependiendo de los exámenes finales. También es muy importante determinar cómo impedir que vuelva a suceder lo mismo».

El médico dijo que era indispensable que nuestra madre obtuviera ayuda profesional, o tal vez necesitaba que alguien se quedara en casa con ella. Desde ese momento, nosotros, sus hijos, teníamos que asegurarnos de que nuestra madre estuviera contenta, reconfortada, tranquila y libre de preocupaciones, tanto maritales como financieras.

Mi hermana Laura y yo dijimos: «Sí, señor. Sí, señor», pero en nuestro interior sabíamos que eso sería imposible si nuestro padre no se comprometía a cambiar. Pero conociéndolo y conociendo su modo de ser, sabíamos de antemano que sería una causa perdida y que nuestra madre iba a tener que superar esta situación y seguir adelante sola. Tendría nuestro apoyo, pero la verdad era que había poco que pudiéramos hacer por ella.

Cuando ya eran casi las once de la noche, aún seguíamos en el hospital. Habían transcurrido muchas horas desde nuestra llegada. Teníamos hambre. Nos rugía el estómago, protestando por conseguir algo de comer. Salimos del hospital. Teníamos frío y no teníamos dinero. Dejamos a nuestra madre en la cama sumida en un sueño profundo sin dar señales de regresar.

Mientras caminábamos por la calle, llegamos a una esquina donde ondeaba un gran cartel de una película y de repente recordé mi cita. «¡Mierda! ¡Charlynn!».

Mi día extraordinario, ese día que parecía que iba a ser el mejor de mi vida, había acabado en tragedia. Lo peor era que no sabía cómo explicarle a Charlynn lo que había sucedido. De hecho, ni siquiera sabía si tendría la oportunidad de volver a hablar con ella.

# 4

## EL PEQUEÑO DE LA CASA

A pesar de que mi relación con mi padre no era la mejor, ya que no estaba en casa casi nunca porque siempre estaba trabajando y él era la causa de todos los males y problemas de mi madre, debo reconocer que era y es un hombre trabajador.

Desde su llegada a los Estados Unidos no ha dejado de trabajar. Si el dinero ganado se basara en el tiempo y esfuerzo, sin duda mi padre sería millonario, porque ha dedicado cada minuto de su vida adulta a trabajar. Conozco muchos empleos diferentes que desempeñó durante mi infancia.

Al igual que su padre, mi abuelo, que era carpintero, empezó trabajando la madera por tradición familiar. Sin embargo, desempeñó muchos trabajos diferentes, desde mecánico a carpintero o vendedor. Trabajó en restaurantes y en el negocio inmobiliario, comprando casas para arreglarlas y volverlas a poner en el mercado. Imagina un trabajo y verás a mi padre desempeñándolo. Fuera cual fuera la profesión, siempre sobresalía en ella.

Recuerdo un empleo en particular que influyó en mi vida. Pronto sabrás por qué.

En casa siempre estábamos necesitados y fui testigo de las necesidades y sufrimientos de mi madre y hermanas, y de las carencias casi diarias con las que vivimos durante mi infancia. Tenía que trabajar para ayudar a mi madre de alguna manera, por poco que fuera, con los gastos que nos acuciaban constantemente.

Intenté encontrar algo que hacer durante el verano y los fines de semana para ganar algo de dinero. El nuevo empleo de mi padre era la oportunidad perfecta.

Fui a hablar con él y le dije que quería trabajar. Como mi padre había empezado a trabajar a una edad muy temprana, no vio nada anormal en la situación. No dudó y aceptó. Además, creo que a él le resultaba ventajoso porque sabía de antemano que el poco dinero que ganara iría a parar a las manos de mi madre. Por lo tanto, era dinero que se iba a ahorrar, ya que habría un poco más de dinero en la casa sin que tuviera que salir necesariamente de su bolsillo. Me dijo que el trabajo no iba a ser fácil y que tendría que seguir las reglas y trabajar como uno más de sus empleados. No me iba a permitir causar problemas o animar a otros a no cumplir sus expectativas solo porque fuera su hijo.

Me explicó mi trabajo, me acompañó en una breve visita guiada por las instalaciones y me explicó rápidamente el proceso de gestión del restaurante. Me mostró mi lugar de trabajo y me dejó claro qué era lo más importante de mi trabajo: importaban la rapidez, la concentración y, por encima de todo, la eficacia y eficiencia de mi trabajo. Con el tiempo comprendí que el funcionamiento normal del restaurante dependía en gran medida de mi trabajo. Es simple: sin platos y utensilios limpios, no puedes cocinar o servir comida.

Ese primer día fue duro. Pasaron por mis manos cientos de platos, tenedores, cucharas, cuencos y tazas. Tenía que lavarlos, secarlos y colocarlos tan rápido como pudiera. Los clientes no esperarían y el ritmo del restaurante no me permitía un momento de descanso, ni siquiera para ir al baño.

Después de tres horas de trabajo continuo, pude tomarme un

descanso y comer algo. Cuando volví para seguir lavando platos fue incluso peor, porque los cazos, cazuelas y utensilios de cocina debían lavarse y secarse para que los cocineros pudieran empezar a cocinar de nuevo. Las reglas dictaban que, después de cada comida, todos los utensilios de cocina debían lavarse para dejarlos listos para el siguiente turno. Me tomó casi dos horas lavar todos los utensilios.

Cuando ya casi había acabado, uno de los cocineros me dio una escoba y una mopa y me dijo: «Cuando termines ahí, barre y friega para que el piso esté limpio y sin grasa, para evitar que alguien tenga un accidente».

Mi padre me miraba con una amplia sonrisa desde una ventana de la fachada del restaurante, como diciendo: «Querías trabajar. Pues ahí tienes».

Pero no me rendí. Le demostré que estaba allí para lograr grandes cosas y que daba igual cuánto tuviera que trabajar porque tenía un objetivo claro. Debía trabajar y producir, me asignaran las tareas que me asignaran. Además, no quería dar a mi padre el placer de verme derrotado tan fácilmente. Tenía que demostrarle que, aunque pensara que tan solo era un niño, yo era un hombre y mi madre y mis hermanas podían contar conmigo.

Después de unas semanas en el trabajo, mi cuerpo se acostumbró. Continué practicando deportes, yendo a la escuela y haciendo todo lo posible por colaborar en casa.

Las cosas iban bien, pero un fin de semana en particular sucedió algo diferente. Cuando llegué al restaurante para empezar a trabajar, advertí que había alguien haciendo mi turno. Estaba sorprendido y fui inmediatamente a ver a mi padre para quejarme. Cuando fui a encararme con él, estaba sentado al lado de la cajera y parecía que me estaba esperando porque, antes de que yo empezara a hablar, mi padre me dijo: «Ya sé lo que vas a decir. No te preocupes, vas a seguir trabajando aquí, pero ahora vas a hacer otro trabajo diferente».

Como al restaurante le iba bien y los clientes no podían llegar a tiempo, se puso en marcha un sistema de entrega de comida, y ese iba a ser mi trabajo. Sin embargo, mi padre me dejó claro que, cuando no tuviéramos pedidos para entregar, esperaba que yo hiciera otras cosas para ayudar, como lavar, barrer o limpiar, porque no quería perezosos trabajando en el restaurante. Así es como empecé a trabajar haciendo entregas a los clientes que no podían o no querían ir al restaurante.

A veces, sobre todo por las tardes, entregaba hasta veinte pedidos. Mi padre apuntaba los pedidos y se los daba a los cocineros para que preparasen los platos, y después yo los empacaba en las cajas adecuadas y los entregaba.

Esta nueva tarea era un poco más tranquila y menos agotadora. Sin embargo, debía entregar los pedidos independientemente del tiempo que hiciera y la comida debía llegar lo más rápidamente posible, recién hecha y caliente. Esa era mi responsabilidad. No quería que nadie llamara a mi padre al restaurante con una queja porque la comida había llegado fría o tarde. El empacado y la entrega eran mi trabajo.

Una de las ventajas de las entregas era que a veces los clientes me daban propina, y eso me ayudaba muchísimo. Cada centavo en mi bolsillo era una gran ayuda y suponía una diferencia enorme en mis ingresos finales.

A medida que pasaban los días, noté que dos de los cocineros prestaban mucha atención a mi trabajo, mi velocidad en las entregas y la forma en que realizaba mi labor en el restaurante. No mucho después, los cocineros hablaron conmigo y me felicitaron por mi trabajo. Me dijeron que tenía un gran futuro en las relaciones interpersonales y que, si continuaba del mismo modo, seguro que llegaría a ser un hombre de éxito.

Al ser un niño inocente, creí sus elogios sobre mi desempeño y mi futuro. Poco después descubrí la razón de sus amables palabras y comprendí a dónde iba todo aquello. Los cocineros, sabedores de mi necesidad y deseo de dinero, conocían de antemano que aceptaría otros trabajos que pudiera hacer a la vez que mis entregas sin que afectara a mi desempeño. El trabajo que me ofrecieron también implicaba hacer entregas. Los cocineros, dos tipos muy graciosos, me contrataron para entregar los productos que gestionaban ellos.

Al principio dudé porque sabía de antemano que, si mi padre se enteraba, nos echaría a los cocineros y a mí del restaurante. Pero también quería el dinero extra y sentía que necesitaba más para mí mismo y para ayudar en casa, así que acepté sin dudar su propuesta y empecé a hacer también sus entregas.

Tenía ocho años y ya estaba haciendo entregas de marihuana. Claro que en aquella época nadie sospechaba de un niño inocente. Hice muchas entregas y no puedo decir que no supiera lo que estaba ocurriendo. Al principio tuve mis dudas y después las confirmé porque, aparte de las entregas de comida, supe que estaba transportando algo más cuando los cocineros me ofrecieron un poco para mi propio uso. No me importó. Yo no lo fumaba, solo lo entregaba, y además me pagaban entre seis y ocho dólares por cada entrega. Hacía un par de entregas al día.

Creo que aquel fue el primer delito que cometí en mi vida. Había pasado de ser un niño inocente que lavaba platos a un correo de marihuana. Era un pequeño delincuente en potencia que permanecía latente, esperando a que alguien con más experiencia lo utilizara para su propio beneficio.

Aunque sabía lo que estaba haciendo, me gustaba. Disfruté con todo ese mundo y aquello fue tan solo el principio de muchos años de problemas incluso peores y más complicados.

# 5

## MI MADRE: LEALTAD PURA

Mi madre siempre fue una mujer valiente, honesta y tranquila. Lleva la verdad en sus manos allá donde vaya y, aunque nunca fue muy afectuosa, siempre cuidó de mis hermanos y de mí.

Sus padres eran europeos, pero ella nació en los Estados Unidos. Supongo que heredó de sus padres la tenacidad para convertirse en la mujer que es hoy.

Nada más conocer a mi padre empezaron una relación. Era leal, sincera, entregada, dispuesta a sacrificarse e incluso sumisa con todas y cada una de sus exigencias. A pesar de la vida tan dura que llevaba con mi padre, fueron pocas las veces que protestó o cuestionó alguna de sus decisiones. Antes al contrario, incluso cuando mi padre se equivocaba, ella lo apoyaba hasta el final porque quería que supiera que su mujer siempre estaría a su lado.

Como dije, mi padre apenas estaba en casa y hubo muchas ocasiones en las que su lado de la cama estaba frío y vacío por la mañana. Me imagino a mi madre sola en aquella cama, rechazada y triste, preguntándose dónde estaba mi padre, el hombre que la tomó ante el altar, se casó con ella y prometió estar a su lado toda la vida. Mi madre sufría mucho con la situación y estoy convencido de que todos sus problemas de salud y sus malas decisiones fueron principalmente consecuencia del abandono y la desolación en la que mi padre la obligó a vivir durante tantos años.

Una vez, ya de noche, al comprender que mi padre no había venido a casa, decidió hacer algo diferente: salir a buscar a mi padre. Pero no podía dejarnos solos porque éramos pequeños, así que nos despertó uno a uno y nos dijo que íbamos a salir. «Mami, ¡es tarde!», le dije.

«No nos tomará mucho tiempo y, de vuelta a casa, nos detendremos en la tienda de donuts», repuso ella.

La idea de salir para comprar donuts venció inmediatamente a mi deseo de quedarme en casa, y supongo que lo mismo les sucedió a mis hermanos. Con todos en el auto, mi madre comenzó a manejar por aquellas calles oscuras y peligrosas.

Debería haber sabido que mi madre tenía una idea muy clara de a dónde ir, aunque creo que conocía la zona pero no el lugar exacto. Estuvimos dando vueltas en el auto durante mucho tiempo, tanto que nos quedamos dormidos. De repente, el auto se detuvo y nos susurró: «Ahora vuelvo». Después caminó hacia una casa y entró. Unos minutos más tarde salió llorando con el rostro rojo de ira.

No teníamos ni la más ligera idea de lo que estaba sucediendo, por qué habíamos ido a ese lugar o qué había descubierto mi madre. Años más tarde comprendí esa salida inesperada a altas horas de la noche. Y, por supuesto, no fuimos a comer donuts. Mamá no tenía dinero para comprarnos donuts a todos. Supongo que fue simplemente una mentira piadosa de nuestra madre.

Los años pasaron y nuestra madre siempre estuvo al pie del cañón. Se recuperó de todas sus dolencias e incluso pudo abandonar las medicinas que llenaban su cuerpo con porquerías que la estaban matando. Afortunadamente, tal vez como recompensa por todos sus sacrificios y su sufrimiento, pero sobre todo por el infinito amor que le tiene a mi padre, hoy están juntos, trabajando y luchando codo con codo como debería haber sido siempre.

Madre, eres un hermoso y maravilloso ejemplo que Dios creó. ¡Te amo con todo mi corazón!

# 6

## MUCHOS PROBLEMAS

No fui buen estudiante. Muchas veces ni siquiera iba a la escuela. Salía con mis amigos a hacer otras cosas. Solo era bueno en deportes y jugando al fútbol. Como dije, desde una edad muy temprana hacía entregas de marihuana como parte de mi trabajo en el restaurante. Bien, ese fue solamente el comienzo de una serie de situaciones ilegales en las que me involucré.

El barrio en el que me crie era un barrio tranquilo, pero estaba lleno de drogas y mafiosos a los que admiraba. Siempre tenían dinero, mujeres y autos, y parecía que tenían buenas vidas que vivían felizmente.

Mis amigos Kenny y Jim y yo pensábamos que un día estaríamos en la misma posición que ellos. Por desgracia para uno de ellos, esa idea murió con él cuando falleció a la edad de dieciséis años. La noticia de su muerte causó un vacío increíble en nosotros, una soledad tan grande que no podría describirla, pero creo que el miedo a ser el siguiente era mucho mayor. Temía que la siguiente víctima podía ser yo.

Las familias de mi barrio eran en apariencia normales, con un papá, una mamá y niños que vivían en perfecta relación con el vecindario y nunca faltaban a la iglesia. Eran inmigrantes que se habían asentado en esta parte de Estados Unidos, habían desarrollado un imperio dominador y no permitían que ningún foráneo tratara de inmiscuirse.

Todas éramos familias extranjeras muy cercanas unas a otras. Eran familias como cualquier otra, pero en muchas de ellas el padre era un famoso mafioso italiano.

Entre los mafiosos recuerdo especialmente a uno al que los niños admirábamos más. Si recuerdo correctamente, era conocido con el sobrenombre de Pappi. Lo admirábamos porque, a nuestra edad, tener dinero, mujeres y autos lo representaba todo, y él tenía todo eso y más.

Todo parecía complicado. Yo no era capaz de entender todos los problemas médicos y de salud que los médicos y los adultos discutían. En casa no estábamos en una situación financiera adecuada para pagar por recibir servicios médicos en casa o contratar una enfermera que proporcionara los servicios que buscábamos. Me sentía a la deriva, sin nadie que me guiara en lo que debía hacer para convertirme en un buen miembro de la sociedad.

En casa no teníamos mucho dinero. Recortábamos cupones de los periódicos para comprar comida, no íbamos a restaurantes y siempre era lo mismo: siempre había algo de lo que carecíamos. Estaba cansado de toda esa miseria y quería ser como los otros chicos que tenían padres de la mafia, poseían cosas caras y manejaban autos con chicas. En casa la situación era tan crítica que muchas veces robábamos las cosas que nos hacían falta o que queríamos. Decidí que iba a tener mi propio dinero, dinero de verdad.

Anteriormente había hecho entregas de marihuana, pero aquello era un juego de niños del pasado y ese dinero no era suficiente para impresionar a las chicas. Tenía que cambiar las cosas. Había llegado la hora de apartar a un lado todas esas niñerías y avanzar al siguiente nivel, a las cosas de adulto que me elevarían a una situación mejor.

Hubo varias ocasiones en las que pensé que era el momento de subir de nivel para ganar más, pero siempre había sido tan solo un pensamiento y no había hecho nada. La razón me era desconocida. Tal vez fue miedo o no tener pelotas suficientes, o quizás tan solo estaba esperando a que algo o alguien me empujara en esa dirección. Eso era lo único que me faltaba: que me animaran.

Al final, lo que me dio el último empujón fue la situación en casa. No era una situación nueva, pero con el tiempo se convirtió en el desencadenante y la chispa que me hizo tomar la decisión de salir y empezar a hacer cosas malas. Solo tenía trece años cuando decidí empezar a cometer delitos más graves.

Las afecciones de salud de mi madre no mejoraban y la familia siempre estaba preocupada por ella y hacíamos todo lo que podíamos por ayudarla. La salud de mi madre empeoraba cada día. Por suerte, había alguien en casa en esa época que lo advirtió y pudo evitar una tragedia familiar.

La banda a la que me uní era la familia donde encontré respaldo, identidad y la sensación familiar que no encontraba en casa, donde solo oía gritos y quejas constantes. Mis amigos de la banda, que también eran del barrio, siempre me entendieron porque estaban viviendo la misma situación que yo.

El resto de los miembros de la banda habían cometido algunos delitos en la comunidad y tenían algo de experiencia. Pronto llegó mi primera noche. Salí de la casa sin decir una sola palabra. Ni siquiera creo que mi familia notara que no estaba allí. Todos estaban inmersos en su propio mundo esperando a que mamá mejorase.

Me reuní con mis amigos y comenzamos a caminar por el barrio, buscando algo que hacer. Después nos alejamos un poco, hacia lugares donde la gente no nos reconociera y donde pudiéramos dejar nuestra marca. Queríamos ganarnos el respeto y que se nos reconociera nuestra valía.

Llegamos a una esquina donde había una gasolinera. Un tipo salió de su auto y entró en la tienda para comprar algo. Uno de mis amigos lo siguió para vigilarlo y advertirnos en caso de que decidiera salir inesperadamente.

Un miembro del grupo corrió hacia el auto e intentó abrir una de las puertas, pero estaba cerrada con llave. Me hizo una señal para que intentara abrir la puerta del otro lado del auto. Probé sin dudar la puerta del conductor. Para mi sorpresa, no estaba cerrada con llave. Le hice una señal para decirle que la puerta estaba abierta y él saltó sobre el capó del auto, aterrizó a mi lado y, mientras abría la puerta del conductor, me dijo: «¡Entra!». Abrí la puerta de atrás y, en un abrir y cerrar de ojos, nos alejamos de la gasolinera manejando el auto.

Dos cuadras más abajo nos esperaba el miembro del grupo que había estado vigilando al dueño del auto en la tienda.

Sobra decir que tuvimos más oportunidades de hacer lo mismo.

Paradójicamente, robar autos no era una forma de ganar tanto dinero como había creído inicialmente. Había otros negocios que generaban más beneficios y uno de ellos sería mi siguiente paso. No quería pasarme la vida robando autos porque tenía otros objetivos que estaban claros: quería tener mucho dinero y que me admiraran tanto como a los mafiosos italianos de mi barrio. Los 200 o 300 dólares por robo no eran lo bastante ostentosos para mantenerme robando autos. Pero sabía que tenía que continuar haciéndolo una temporada para seguir creciendo y adquiriendo experiencia.

Debía tener en cuenta los principios de antigüedad y habilidad. Tenía que esperar mi turno. Si corría demasiado, me arriesgaba a perder todo lo que había ganado o a perder la vida si no reaccionaba de forma calmada, cautelosa e inteligente.

Quería formar parte de algo y sentirme importante y valioso, y pensé que la delincuencia era la forma de lograrlo. Me parecía que esa era la norma entre los adolescentes y los tipos de mi barrio. Era el legado que los mafiosos italianos dejaban tras ellos. Era el legado maldito por el que todos los chicos luchábamos, animados por el deseo de formar parte de él.

No importaba lo que hubiera que hacer; lo importante era hacerlo y hacerlo bien para ganarse el respeto, la fama y la aprobación de los jefazos. A sus ojos, debíamos dedicarnos en cuerpo y alma, ser intrépidos y valientes y, por supuesto, mantener la boca cerrada, ya que la condición de mantener el silencio era algo que todos nosotros conocíamos perfectamente antes de empezar como delincuentes callejeros.

Transcurrieron los meses y llevaba algún tiempo implicado en el robo de autos, así que creí que ya había adquirido un poco de experiencia. Sin embargo, incluso los médicos más experimentados mueren.

# 7

# LOS BARROTES, ¡MALDITOS BARROTES!

El motor rugía y soltaba detonaciones tan ruidosas que se podía oír desde mucha distancia. Eso atrajo mi atención y la de mis amigos, y quisimos saber qué estaba sucediendo, así que abandonamos la escuela y fuimos derechos a la calle de la que provenía el ruido. Mis amigos sabían lo que estaba sucediendo y desde el principio me habían dejado caer pistas sobre lo que pretendían hacer.

Para nuestra sorpresa, el ruido estaba más cerca de lo que habíamos imaginado, o al menos eso pensamos. En el centro comercial de la calle principal, a solo quince minutos de mi casa, vimos un auto deportivo rojo conducido por una hermosa y elegante rubia. Parecía tener unos cuarenta y cinco años, pero, a pesar de ser una mujer mayor, estaba en buena forma y sin duda habría sido una gran experiencia para un chico de quince años como yo. Eso es lo que pensé. Pero para mis amigos ese espectacular deportivo fue su primer y último pensamiento.

Perseguimos a la propietaria del auto durante varios días. Era la nueva dueña de una lujosa tienda en el centro comercial y calculamos que vivía a unos treinta y cinco minutos de su trabajo. Siempre tomaba la misma ruta para ir a trabajar. Planeamos cómo robarle el auto. Digo *planeamos* porque yo estaba con ellos, pero la realidad era diferente. Yo solo iba con ellos en las salidas, no las planeaba.

Sabíamos que nuestra única oportunidad era al atardecer, justo antes de que oscureciera, cuando todos los empleados acababan sus turnos y el tráfico no era tan intenso. El reloj marcaba las 7:38 p.m. de ese jueves de otoño. Habíamos hablado con otros dos miembros de la banda que irían con nosotros y nos ayudarían en el trabajo. Sabíamos que no iba a ser fácil porque había varias complicaciones a las que teníamos que prestar mucha atención y necesitábamos varios tipos en los que pudiéramos confiar para lograr nuestro objetivo. Mientras otro tipo y yo vigilábamos al dueño del auto y a los demás comerciantes y visitantes, los demás miembros del grupo estaban en el estacionamiento rodeando el auto deportivo rojo. Supusimos que el auto tendría alarma y que tendríamos que desactivarla antes de abrirlo.

Mi amigo sacó una llave hecha especialmente para robar autos y la introdujo en la cerradura del auto, pero no sucedió nada. Lo intentó otra vez, y otra Nada. Otro tipo intentó abrir la otra puerta, pero tampoco tuvo suerte.

La imagen de mi madre cruzó por mi cabeza y me distrajo por unos instantes, pero me recuperé y seguí los movimientos de todos los presentes en el centro comercial.

Mi amigo volvió a probar la llave y, de repente, consiguió abrir la puerta del pasajero. La alarma solo soltó un pitido corto y mi otro amigo abrió rápidamente la puerta del conductor desde el lado en el que se encontraba. Saltó inmediatamente al interior del auto, tiró de los cables y los conectó de forma que pudiera arrancarlo y escapar. Ambos saltaron dentro del auto y salieron como alma que lleva el diablo, asustados pero satisfechos con nuestro éxito.

El otro vigilante y yo continuamos haciendo rondas por el centro comercial. No habíamos advertido su marcha, ya que debíamos atenernos al plan. Cuando llegó la hora, salimos del centro comercial por la puerta opuesta a donde había estado estacionado el auto y fuimos al lugar en el que habíamos quedado previamente.

Empezaba a ser presa del temor y la incertidumbre. No tenía ni idea de cuál sería el resultado de nuestra aventura, pero había algo obvio: no habían atrapado a los otros porque, cuando salimos, no vimos a ningún policía ni ninguna actividad que indicara que algo raro había sucedido, así que creí que habíamos completado la misión.

En mi cabeza empecé a imaginar los billetes verdes dentro de mi cartera. Los compradores nos pagarían bien por ese vehículo. Mis amigos nos estaban esperando. Entramos todos en el auto y seguimos según el plan.

Habían transcurrido treinta minutos desde que saliéramos del centro comercial. Íbamos por las calles de un barrio pobre cuando empezamos a ver luces de colores por todas partes. Casi simultáneamente, la imagen de mi madre volvió a aparecérseme en la cabeza. Las luces me resultaron familiares. Me recordaron la última vez que había ido al hospital cuando mi madre había estado ingresada. Mientras estuve en la sala de emergencias habían entrado y salido autos de policía, camiones de bomberos y ambulancias que transportaban pacientes y personas enfermas. Muchos de los pacientes habían tenido accidentes en las calles.

Debido a las constantes visitas de mi madre al hospital, tuve que quedarme con mis abuelos en varias ocasiones. No era algo que disfrutara mucho, especialmente cuando mi abuelo me hablaba de Dios y de alejarme de las calles.

Las luces y las sirenas se acercaban más y más y, cuando dimos la vuelta a la esquina, dos autos de policía se acercaban a nosotros como si supieran que íbamos a pasar por allí. Tres agentes de policía hicieron que nos detuviéramos y saliéramos del auto con las manos en alto.

Nuestra fiebre por los autos rojos nos salió muy cara. De repente me estaban tomando las huellas dactilares en la comisaría de policía por robo de vehículo. Sin ninguna duda, iba a ser encarcelado a los quince años de edad.

La verdad es que no me preocupaba lo que fueran a pensar en casa o en la escuela. Tres días después de encarcelarme ya estaba fuera y de camino a casa. Tenía que ser bueno y comportarme, ya que me habían soltado en libertad vigilada. Habría un supervisor molestándome siempre que quisiera, un tipo echándome el aliento en la nuca como si fuera mi propia sombra. Tenía que idear un plan para liberarme de esa pesada carga.

# 8

# MI BARRIO

El barrio en el que crecí era violento. Supongo que hay muchas personas que no tienen ni idea de cómo era la vida en esa parte de los Estados Unidos y cómo los jóvenes como nosotros tenían que lidiar con situaciones complicadas y peligrosas. En muchas ocasiones mi propia vida estuvo en peligro. Al menos los jóvenes como nosotros podíamos defendernos. Imagina la situación de los que no podían defenderse o huir, como los niños, mujeres y ancianos.

Merece la pena aclarar un poco todo esto. Esa zona era famosa por la mafia, la violencia, las muertes, las drogas y los crímenes cometidos en un periodo concreto de la historia de los Estados Unidos. También debemos comprender el legado que esos gánsteres habían creado y dejado para las futuras generaciones, sin contar las viudas, huérfanos, drogadictos y los que murieron.

Creo que muchas personas de todo el mundo han tenido la oportunidad de ver y disfrutar con películas que narran la cruel y cruda realidad que esa zona generaba a nivel nacional. Por aquel entonces, el mío era un barrio típico. Creíamos que ver delitos en las calles era algo normal y participábamos en ello. Era la herencia de los delincuentes a los que queríamos imitar y a quienes admirábamos.

Las actividades criminales eran normales en ese barrio. Todos los negocios debían pagar solo por existir si querían abrir y vender, y para mí eso era normal.

Mi trabajo y el trabajo de muchos de mis amigos era recolectar el dinero de los propietarios de los negocios para que pudieran ejercer el derecho a tener un negocio. Recaudar ese dinero era lo que hacíamos todos los días, y lo hacía un montón de gente, no solo nosotros. Había diferentes bandas que ejercían ese poder en diferentes áreas, y cada banda tenía diferentes reglas, impuestos, equipos y recaudadores. Se trataba de un sistema bien establecido en el cual todos tenían una función bien definida y sabían qué podían y qué no podían hacer.

Películas como *El padrino, Los intocables, Buenos muchachos* y muchas más retratan la realidad del crimen en esas calles. En muchos aspectos, esas versiones adaptadas están alejadas de la realidad de personas como yo que vivimos allí y tenemos una clara comprensión de la verdad en nuestras mentes y corazones.

Sin embargo, lo que vemos en las películas se acerca tanto como es posible a lo que sucedía en mi barrio. Si no conoces estas películas o no las has visto, permíteme que te aclare que los personajes son miembros famosos de la mafia que reinaron durante muchos años y cometieron los peores crímenes en barrios de muchos estados del país.

Como ya dije, había pocas cosas que realmente atrajeran mi atención y a las que dedicara tiempo. Jugaba al fútbol y al baloncesto, pero si no estaba practicando deportes, entonces estaba enredado en cosas que no eran ni buenas ni positivas. Así es como lo veo ahora porque he cambiado, pero entonces pensaba que mi comportamiento era normal, que era lo que hacía todo el mundo, y estaba seguro de que las siguientes generaciones también lo harían. Sabía que era algo malo y negativo y que era delito, pero lo consideraba normal porque todos lo hacían.

A veces me recuerdo de jovencito y me transporto a aquella época. No veo a nadie —un guía, un consejero, un mentor o cualquier otra persona— que me aconsejara y me enseñara que lo que estaba haciendo estaba mal y era un delito. No tenía a nadie cercano que pudiera ayudarme a salir de ese círculo de influencias, ese estilo de vida y ese ciclo maldito.

Para mi desgracia, no tenía un padre o una madre que me guiara en esos temas.

Me metí en muchísimos problemas con la ley, lo cual me causó gran dolor. Pensé que iba a morir antes de mi decimoctavo cumpleaños, exactamente igual que les había ocurrido a varios de mis amigos y familiares. Hoy, como padre casado y hombre de negocios maduro y profesional, puedo asegurarte que no extraño nada de esa época, pero sí conservo las experiencias, errores, triunfos y sobre todo lecciones que aprendí a través de mi esfuerzo y mis sacrificios.

Soy consciente de que un joven de aquella época debía ser castigado por los errores que cometía y las cosas malas que hacía, y de algún modo debía pagar por los delitos que había cometido. Yo no fui una excepción y pagué las consecuencias. Estuve en la cárcel y eso fue lo peor que le puede ocurrir a cualquier ser humano. Estar privado de libertad y encerrado entre cuatro paredes me marcó para el resto de mi vida de una forma única y profunda. El tiempo que pasé encarcelado me enseñó por la fuerza, de la peor manera posible, que no iba a ir a ningún sitio y que mi vida estaba al borde del precipicio, pendiendo de un hilo tan delgado y frágil que apenas podía mantenerme a flote.

A pesar de lo que había creído que tenía, al final no tenía nada. Para las personas con las que tenía contacto en las calles mi vida no valía nada. Solo les preocupaba mientras fuera útil. Estaba desperdiciando mi vida y, si no cambiaba mi rumbo, acabaría mal y puede que incluso muerto, lo cual, como ya dije, pensaba que sucedería antes de mi decimoctavo cumpleaños.

Había tenido ese pensamiento desde pequeño. Estaba convencido de que iba a ser uno de los gánsteres más grandes y famosos que hubiera existido jamás, idéntico a los que admiraba de mi barrio. Voy a confesar algo: la primera vez que toqué un arma de fuego tenía nueve años. Pero eso era normal en el ambiente en el que vivía. Todos queríamos ser como esos que caminaban por nuestras calles como si fueran los dueños del mundo. Sin duda fueron tiempos difíciles para mí, al igual que para los otros chicos de mi generación que tuvieron que involucrarse directa o indirectamente en todas esas experiencias y situaciones.

Soy gringo, como solían describirme mis amigos latinos. Crecí en un mundo lleno de descendientes de africanos, latinos e italianos y, debido a eso, no entiendo por qué hay personas que son tratadas de una forma diferente que otras. ¿Por qué algunas personas tratan de un modo distinto a otras a causa del color de su piel, su dinero, etc.? Estoy convencido de que todos los seres humanos son iguales por naturaleza. Dios nos hizo iguales, y no dijo: «Te hago distinto de este y de ese y de ese otro». No, nos hizo iguales, independientemente de cualquier diferencia física o material. Por eso no entiendo por qué hay personas que tratan a otros de un modo diferente según lo que son o poseen o, por el contrario, debido a lo que no son o no poseen.

Yo trato a todo el mundo por igual. He dirigido muchas oficinas y personas, y trabajo con personas de todo tipo, características, procedencia y orígenes. Para entender a todos, los trato a todos con el mismo respeto, igualdad y calidez en todas las ocasiones en las que hablo e interactúo con ellos. Es parte de lo que ha sido mi vida y es el resultado de las dificultades, estudios, experiencias, logros y madurez, las cuales me han convertido en un excelente ser humano lleno de virtudes y enseñanzas para compartir con mis hermanos y hermanas, así como un gran conocedor de mis defectos y debilidades, las cuales trato de controlar y mejorar siempre que puedo de la mejor forma posible. Además, siempre aprendo de lo que hago, de los éxitos y de los fracasos. Y, por supuesto, lo que aprendo de la gente es algo inconmensurable e impresionante.

No todo lo que sucedía en mi barrio era malo o delito. Había momentos de diversión, amistad y momentos fantásticos, así como tiempo para los amigos, la familia y el amor. En mi adolescencia el amor vino de la mano de una chica italiana a quien quise mucho y con quien compartí casi siete años. Fue una relación hermosa de la que aprendí mucho y que conservo como un precioso recuerdo.

Entre mis recuerdos más sobresalientes está el de la fiesta de graduación a la que fui con mi novia. Fue una fiesta espectacular, y todos mis amigos y yo estábamos muy elegantes y guapos. Lucíamos tan diferentes y distinguidos que parecíamos celebridades de la televisión. Bailé y me divertí todo el tiempo que duró la fiesta. Fue sensacional poder compartir esa fecha especial con personas especiales en esa etapa de mi vida, aunque yo no hubiera destacado nunca por ser buen estudiante. Creo que sobresalía como deportista, lo cual me gustaba y me distinguía del grupo.

Hubo muchas celebraciones que compartí con mi novia, mi familia y mis amigos. Como en cualquier familia normal, atesoro recuerdos especiales de celebraciones de cumpleaños, donde siempre comía pastel y me divertía muchísimo. Mis hermanas y mi hermano siempre estuvieron conmigo para compartir esas ocasiones y hacer inolvidables esos momentos tan especiales.

Esos recuerdos son los que espero conservar para siempre en mi vida: cuando todas las personas a las que amaba más se reunían alrededor de la mesa en una habitación para compartir, charlar, comer, celebrar y reír sin ningún otro compromiso que el de ser una familia unida llena de amor.

# 9

## LOS DEPORTES

Marcando goles. Sigo marcando para continuar
avanzando y tener éxito en la vida.

Una de mis pasiones más grandes eran los deportes. Entrenaba todos los días. Como en el instituto era un jugador de fútbol muy bueno, la gente venía de las universidades para verme jugar y varias me ofrecieron la oportunidad de estudiar y jugar con ellos. Tenía la costumbre de jugar con gente mayor que yo y tal vez fuera eso lo que destacaba: no que los otros fueran mayores, sino que tuvieran solo unos pocos años más que yo. Durante el instituto viajé con las universidades porque querían aceptarme para que jugara y estudiara con ellos. Hice muchos viajes por distintos estados y ciudades de los Estados Unidos, todos gracias al fútbol. Fueron buenos tiempos.

Pero, a pesar de las ofertas de las universidades, la falta de principios familiares y de apoyo y consejo de un adulto, sumados a todas las cosas malas y negativas que había hecho hasta ese momento, pesaban más que los deportes y las ofertas de las universidades. A partir de entonces llegarían las experiencias más difíciles de mi vida. Todavía era un joven imberbe e ignorante que no tenía una base o un entrenador que me apoyara o aconsejara, alguien que sirviera como ejemplo positivo para salir de ese mundo de delincuencia. No tenía a nadie que me animara a seguir un camino diferente cuando algunas universidades me abrieron las puertas para hacer algo que me encantaba: jugar al fútbol. Lamentablemente, seguí cometiendo errores.

Participé en varios campeonatos de fútbol representando a escuelas a nivel estatal y nacional, demostrando siempre grandes habilidades de manejo del balón y capacidades de goleador nato en cada partido. A día de hoy, todavía conservo una gran habilidad en el campo de juego y, por supuesto, tengo recuerdos imborrables junto con viejos recortes de periódicos en los cuales se narraban mis logros con un tono casi fantástico nacido de la colorida imaginación de un escritor de Hollywood.

Salía todas las mañanas temprano a correr, entrenar al fútbol o practicar cualquier deporte. Se trataba de una disciplina diaria aunque lloviera o hiciera sol, o surgiera cualquier otro inconveniente. Me encantan los deportes y toda la actividad física, y siempre estoy buscando algo que hacer, algo de movimiento, pero nunca a cubierto. Eso es algo que no puedo soportar.

Los deportes han sido una parte integral de mi vida y mi desarrollo. En esa época, cuando era joven, no tenía un consejero que me ayudara a tomar decisiones más sabias. Hoy creo que perdí la oportunidad de desarrollar un deporte a nivel profesional, que probablemente habría sido el fútbol.

Creo que la preparación física y los deportes en general te ayudan de muchas formas distintas. No solo te mantienen bien físicamente, sino que también te ayudan a liberar estrés, a limpiar tu cuerpo, a eliminar impurezas y a mantener tu mente y tu actitud despiertas y alerta. Todos estos son factores importantes en el desarrollo de una persona.

Si miramos a los deportes como una ayuda mental y psicológica para mantener a las personas alejadas de los vicios, las drogas, los malos pensamientos y las malas actividades, podemos ver que merecería la pena que todos los seres humanos practicasen algún tipo de deporte o actividad física.

Ahora tengo la oportunidad de patrocinar y apoyar a algunos equipos deportivos y a los jóvenes en su compromiso con los deportes. Afortunadamente, muchos de ellos han emergido triunfantes y ganaron sus respectivas ligas y campeonatos. Además, disfruto del privilegio de apoyar algunas ligas locales de fútbol en las cuales se promueve este deporte y el bienestar de nuestra comunidad.

Practica deportes. Es una de las mejores alternativas para curar cualquier sufrimiento o dolencia, incluso las enfermedades del corazón y del alma.

# 10

## DE NUEVO LA CÁRCEL

Una vez, un miembro de la banda me pidió que le hiciera el favor de guardar un paquete en mi taquilla de la escuela. Lo hice sin dudar. Puse el paquete que me había dado dentro de mi taquilla, junto a mis lápices y cuadernos. El fallo fue que no me di cuenta de que había gente a mi alrededor contemplando el paquete y mi comportamiento sospechoso. Era consciente del contenido del paquete que estaba guardando en mi taquilla. Sin embargo, nunca imaginé que alguien iba a delatarme a las autoridades.

Eran sobre las diez de la mañana de un caluroso día de mayo cuando el director de la escuela llamó a la puerta de mi clase y la abrió inmediatamente sin esperar a recibir permiso para entrar. Miró a su alrededor y dijo mi nombre. Mi primera reacción fue como si sintiera un shock eléctrico por todo mi cuerpo. «*¡El paquete!*», pensé inmediatamente.

Cuando salí del aula, estaba embargado de temor, pero mostré un descaro tranquilo y audaz al exterior. El director no pronunció una sola palabra mientras nos dirigíamos a mi taquilla. Cuando giramos hacia el corredor, unos pasos antes de llegar hasta mi taquilla, vi que había dos agentes de policía esperando para abrirla. Cuando llegamos, la abrieron sin preguntar y encontraron el paquete, lo cual suponía muchos problemas legales, incluyendo que me arrestaran, me llevaran a la cárcel y me encerraran allí una semana. Las cinco armas de fuego encontradas en mi taquilla eran prueba suficiente de un delito y, aunque no eran mías, yo era responsable por tenerlas. Después de una semana en prisión pude salir en libertad vigilada.

Todavía hoy me pregunto cómo alguien puede ser tan estúpido e inocente (o tal vez fueran las hormonas de la adolescencia) para pensar y sentir que es invencible y que nada malo o negativo puede ocurrirle jamás. En mi caso, a pesar de haber sido encerrado y puesto en libertad vigilada, no me detuve y seguí haciendo e implicándome en cosas que, al final, solo suponían más problemas para mi vida. Incluso el mero hecho de salir con personas que estaban involucradas en el mismo tipo de delitos representaba un riesgo latente de meterme en problemas.

Un día, mientras todavía estaba en libertad vigilada, otras personas con las que estaba cometieron un delito. Yo estaba con mis amigos y de nuevo fui arrestado. Todavía estaba en libertad vigilada, así que las cosas se complicaron mucho más para mí solo por estar en el lugar equivocado a la hora equivocada. De nuevo la cárcel fue mi destino, ya que volvieron a arrestarme. En esa ocasión me dije a mí mismo: «*Esto es lo que se consigue con las cosas malas: malas amistades, malas decisiones y, por supuesto, no tener a nadie que te aconseje, te regañe y te diga: ¡No! ¡Ya basta! No más errores*». Todo lo contrario, lo que tenía en mi entorno era gente que me empujaba y me animaba a meterme en más y más problemas y en situaciones cada vez más ilegales y delictivas.

Sentí tristeza al pensar en esas cosas porque iba a perder de nuevo mi libertad a los dieciocho años de edad, y eso es algo precioso. Nadie que no haya experimentado la prisión puede imaginar la magnitud de la situación: la tristeza, desesperación, nostalgia y rabia.

Ahora la situación tendría un costo distinto, porque ya tenía dieciocho años. El joven amante de los deportes que había viajado para representar a varias universidades ahora ya era un hombre, un hombre que, en su vida dura y solitaria sin nadie que lo aconsejara, había perdido de nuevo su libertad.

Para mi desgracia, en esa ocasión el arresto tuvo lugar en el instituto de Nueva Jersey. Siempre había deseado ir a la universidad y jugar al fútbol, pero no pensé que pudiera hacerlo nunca en esas circunstancias. No podía creer que iba a ir a prisión, pero me arrestaron en la escuela a punta de pistola.

A pesar de todos los sufrimientos y dificultades que atravesé en esa prisión, tuve mucho tiempo para pensar, recapacitar y dar forma a lo que podría ser mi futuro. Me enfrentaba a un futuro incierto porque no sabía cómo hacer nada. Solo sabía de deportes y delincuencia. Mientras estuve en la cárcel, llegué a la conclusión de que tenía que hacer un cambio en mi vida, un cambio total y absoluto y para siempre. Estaba claro que, si continuaba así, no llegaría a ningún sitio bueno y seguramente acabaría muerto o con una condena mucho más larga por algo incluso más grave.

Mi tiempo tras los muros de esa prisión en Nueva Jersey me ayudaron muchísimo a pensar y reflexionar. Mi vida era un caos, un desperdicio. No tenía ni principio ni fin. Estaba echando a perder mi vida. La había arrojado a la basura y llevaba allí mucho tiempo, pero eso tenía que cambiar. Yo tenía que cambiar, era mi obligación y mi compromiso. Para cambiar tenía que empezar inmediatamente y no dejar que nada ni nadie cambiara o alterara mi decisión.

El día siguiente temprano empecé mi cambio. Mientras estuve encarcelado comencé muchos estudios. Aprendí contabilidad y aprendí a usar las computadoras de esa época. Mejoré un poco mi español y aprendí muchas otras cosas que me han sido de gran ayuda a lo largo de mi vida personal y profesional.

Mientras estuve en prisión con frecuencia recordé a mi amigo que había muerto a los dieciséis años. Había sido un buen amigo, todavía un niño a esa edad. Cuando murió me pregunté a mí mismo: «*¿Llegaré a* *los dieciocho?*». Cuando cumplí dieciocho encerrado allí, pensé: «*¿Llegaré a los veintiuno?*». Ese pensamiento me mantenía en vela por las noches porque, en la cárcel, nadie sabe qué, cuándo o dónde sucederán las cosas. Lo que los internos saben con toda seguridad es que sucederá algo. En prisión ves de todo: violaciones, drogas, asesinatos y gente que usa la cárcel como un hotel. Vienen y van, y poco después están de vuelta. Muchos son simplemente mensajeros o guardaespaldas que tienen que cometer un delito para que los vuelvan a encerrar, de forma que puedan seguir cuidando de su jefe. Era verdaderamente una locura.

La vida en la cárcel no es fácil para nadie, ni siquiera para los que se creen muy valientes. El encarcelamiento deja huella en absolutamente todas las personas. Cuando estás encerrado, el tiempo transcurre muy lentamente. Se cuentan los meses, las semanas, los días, las horas e incluso los minutos. Se pierde la noción de las fechas y las celebraciones. Así es el tiempo encarcelado. Pero, afortunadamente, el tiempo transcurre sin darnos oportunidad de retroceder.

Con el tiempo llegó el final de mi condena y las puertas de la cárcel me parecían tan cerca, pero a la vez tan lejos que no podía creerlo. Tenía sentimientos encontrados: felicidad por mi libertad y tristeza por lo que dejaba dentro. Salí de la cárcel con una idea clara y bien definida de cambiar, pero, una vez fuera, me pregunté: «¿Cómo?».

Pero los planes de Dios son grandes e inconmensurables. Mi abuelo apareció de la nada y fue él quien me dio el último empujón para cambiar. Me dijo que lo que tenía que hacer era cambiar. Recuerdo sus palabras como si fuera ayer. Me había criado en un mundo difícil lleno de maldad y delincuencia, y había estado solo y sin guía, pero había llegado la hora de cambiar. Ese fue el momento en el cual todo lo negativo se tornó positivo. No importaba qué era lo que me había rodeado anteriormente. Sabía que ese estilo de vida era malo y que, si continuaba así, siempre iba a tener problemas.

Estaba claro que tenía que cambiar completamente y dejar atrás, en el pasado, cualquier contacto con ese mundo en el que había crecido, por pequeño que hubiera sido ese contacto. Empecé a hacer un cambio radical en mi vida. No quería volver a ese ambiente de mi barrio y mis amigos y, en cuanto a eso, mi decisión fue quedarme en Nueva Jersey y no regresar a casa.

Después las cosas parecieron empezar a tener otro color para mi futuro, un color que a veces parecía oscuro y no dejaba ver nada positivo. Sin embargo, asumí esa oscuridad como un reto personal que tenía que cambiar y superar para avanzar.

Sabía de antemano que las cosas no serían sencillas o fáciles, y que tendría que luchar con denuedo para subsistir y sobrevivir. La vida en Nueva Jersey no era fácil. Era necesario conseguir un empleo para pagar las facturas, pero un empleo no era suficiente porque el dinero era escaso, así que tuve que conseguir dos empleos a tiempo completo para subsistir y llegar a fin de mes. Invertí casi todo mi tiempo en eso. El resto lo usé para descansar y estudiar ciencias de la computación en una escuela cercana. Tenía todas mis esperanzas y expectativas puestas en que ese cambio iba a ser positivo en mi vida y en mi futuro.

# 11

# HORA DE CAMBIAR

Ahora que el tiempo ha transcurrido y muchas cosas ya son agua pasada, puedo decir con certidumbre que las experiencias solo ayudan si tomamos lo bueno de ellas. Todo es en vano si vives muchas experiencias y no aprendes de ellas. Como hombre que ha caminado por muchos caminos diferentes, puedo asegurarte que nunca es demasiado tarde para ir por el camino correcto y hacer las cosas correctas. Forjas tu propio destino con tus acciones y decisiones, y cualquier cosa que decidas influirá en tu futuro y, lo creas o no, también en el futuro de las personas que te rodean. Hay muchos seres humanos que, aunque tú lo desconozcas por completo, te admiran como ejemplo y desean ser como tú. Eres el espejo en el que les gustaría ver su reflejo y sus futuros dependen de tus actos y decisiones.

Recuerda que todos los empleos son honorables. A lo mejor no es el más positivo, pero es tu empleo y ya lo tienes, hazlo bien. Pero reflexiona profundamente si eso es o no lo que realmente deseas hacer. Si es lo que quieres hacer, invierte tu tiempo y tu vida en ello para que, al final, no sientas que has desperdiciado un tiempo valioso. Si decides que no es lo que quieres hacer, entonces detente, haz ajustes y cambia tu dirección y tu camino si es necesario. Reorienta tu rumbo, pero no abandones tu futuro, tu destino y tu desarrollo. Es humano reevaluar y reajustar, pero no desistir y rendirse. Recuerda el poema del principio de este libro.

Uno de los empleos que tuve en Nueva Jersey fue en una chatarrería. Era un trabajo duro y pesado, en el cual tenía que darlo todo por un salario que no justificaba todo el trabajo que había que hacer, pero había dado mi palabra y sentía que tenía un compromiso. Tenía un compromiso y no iba a rendirme solo porque el empleo fuera duro y diferente a lo que estaba acostumbrado.

En ese empleo tenía que limpiar, recibir y trabajar con metales y latas toda la jornada. Mi ropa y mi cuerpo estaban sucios y manchados de negro casi todo el día. Sudaba como un caballo y olía aún peor. Mi turno empezaba temprano en la mañana. A las cinco en punto de la mañana ya tenía que tener las manos en la chatarra, y a las cuatro en punto de la tarde, cuando terminaba mi turno, estaba casi sin aliento y agotado del día de trabajo.

Pero sabía que no podía malgastar el tiempo o ser perezoso, porque tenía otro compromiso. Después de mi turno en la chatarrería, iba a un restaurante de comida rápida para seguir trabajando y ganar más dinero para pagar mis facturas. Para cuando terminaba mi turno, ya era de noche. Corría a mi casa para intentar descansar, pero sabía de antemano que mi día no había acabado. Si quería avanzar, debía hacer más sacrificios. En casa me esperaba mi viaje de crecimiento personal y formación intelectual a través de mis clases en línea.

Muchas veces me cruzaban por la cabeza pensamientos y recuerdos de mi vida en Filadelfia. Incluso quería regresar. Estuve cerca de tomar mis escasas pertenencias y regresar a mi mundo, el mundo que deseaba dejar atrás pero que parecía condenarme con testarudez a regresar.

Creo que, si no hubiera estado convencido de lo que quería y no quería, no estaría escribiendo esto y nunca me habría convertido en la persona que soy hoy. Estaba convencido de lo que quería. Estaba decidido a lograrlo a cualquier precio. Esos primeros sacrificios eran los que había que hacer para avanzar y dejar atrás de una vez por todas mi pasado oscuro de la vida en la banda.

Un día en la chatarrería, vino un hombre para tirar un par de viejas máquinas cortacésped. Le pregunté por qué las tiraba y me dijo que su ciclo de vida había terminado y que su trabajo exigía nuevas herramientas para realizarlo, debido a la cantidad y calidad del trabajo que su empresa debía llevar a cabo.

Esa charla hizo clic en el interior de mi cabeza. Empecé a prestar atención a los jardines de camino a mi trabajo, y advertí que muchos de ellos estaban descuidados, desaliñados y en un estado deplorable.

Por el contrario, en otras áreas de la ciudad había muchos vecindarios en los que los jardines eran tan espectaculares que parecían preparados para un concurso. Esos jardines eran mantenidos y estaban al cuidado de empresas como la que poseía el hombre que había conocido en la chatarrería.

Una vez me detuve ante uno de esos jardines y pregunté a uno de los trabajadores por el trabajo que hacía. Me sorprendió su respuesta. Me dijo que la empresa para la que trabajaba tenía mucho trabajo y que su jefe estaba contratando gente prácticamente todos los días. Me dijo que había muchas personas que pagaban bien porque les cuidaran el jardín. Le pregunté si sabía cuánto cobraba su jefe por cuidar esos jardines. No pudo darme una cifra exacta, pero me dio una aproximada. Entonces le pregunté: «¿Cuánto ganas por segar este césped?».

Me dijo: «Me pagan por día. No sé cuántas yardas siego tantas como me diga mi jefe».

Me vino una idea a la cabeza.

Después de pensarlo unos días, tomé mi decisión: Fundaría mi primera empresa, una empresa de paisajismo.

No dejé mi empleo. Compré una camioneta *pickup* con mis ahorros y contraté a una persona para hacer el trabajo mientras yo estaba en mi empleo. No era fácil, pero tampoco era imposible.

Empecé desde cero, ahorrando cada centavo y sin malgastar mi dinero. Avancé con paciencia, inteligencia, persistencia, fe y la creencia de que iba a tener éxito sin hacer daño a otros.

De algún modo era la prueba de fuego para probarme a mí mismo que, al hacer el bien, consigues una buena recompensa y, al rodearte de buenas personas, obtienes buenos resultados. Además, ahora no solo era un emprendedor, sino que también estaba dando trabajo a otras personas que dependían de mí y confiaban en mis decisiones.

La vida estaba cambiando para mejor y yo era el arquitecto de ese cambio.

# 12

## APROVECHA EL MOMENTO Y LAS OPORTUNIDADES

Cuando te crías en las calles, aprendes a defenderte, a pensar como la gente de las calles y a maniobrar en los caminos más complicados y enmarañados. En las calles aprendes grandes estrategias de supervivencia, fortalezas que otros no se ven obligados a desarrollar, un sentido diferente de las cosas y la habilidad de aprovechar cualquier oportunidad que se te brinde. Eso era exactamente lo que quería desarrollar en mi vida: el uso de toda oportunidad buena y positiva que viera a mi alrededor. Es asombroso cuántas cosas puedes hacer, cuánto trabajo hay que desarrollar y cuánto dinero puedes ganar solo si piensas en positivo y, lo que es más importante, si pasas a la acción.

Recuerdo las palabras de un libro que dicen, más o menos: «Todo pensamiento que no va seguido de una acción es completamente inútil». Es cierto.

Todo pensamiento que tenemos y todo lo que planeamos debe ser llevado a la acción. De otro modo, esos planes serán solo ideas y pensamientos. Tal vez sean proyectos estupendos y bien planeados, pero no serán nada más, lo cual, al final, significa que son solo basura. Un plan no significa nada si no lo llevas a la práctica. Eso era exactamente lo que pretendía empezar a hacer en mi vida: lograr que sucedieran cosas.

Sabía de antemano que no sería sencillo y quizás sería caro en tiempo y dinero, pero pensaba hacer todos los sacrificios necesarios para alcanzar y cumplir mis metas y objetivos.

Estaba claro para mí, por todo lo que había aprendido en las calles, en la cárcel y en los negocios, que tenía que sacar el máximo partido de mi potencial físico e intelectual, y convertirlo en algo positivo para transformar mi vida y mi futuro, y tener la libertad de seguir ganando y creciendo.

Mi empresa de paisajismo crecía lentamente. Debido a mis otros empleos, era complicado tener tiempo suficiente para invertirlo en ella; sin embargo, aún la tenía y yo era cada día más constante. Estaba seguro de que los trabajos que estaba haciendo para otros no durarían para siempre porque, entre otras cosas, yo no quería que fuera así.

Aún tenía la idea en mi cabeza de que uno tiene que hacer algo que perdure para siempre y no cosas simples que tal vez te llenen el estómago en ese momento, pero que te obligan a pensar en cómo llenarlo al día siguiente. No quería seguir con ese modo de pensar tan simple y estrecho. Tenía que pensar en más grande y ser consciente de que en el mundo de los negocios siempre hay personas que intentan encontrar y aprovechar el momento adecuado para dejarnos en ridículo y arrebatarnos lo que nos merecemos y por lo que hemos trabajado. No quería volver a pasar por esas situaciones.

Con ese objetivo claro en mi mente, seguí trabajando duro día tras día, ahorrando y e intentándolo con todas mis fuerzas a diario. En mi cabeza creía que, si era bueno robando autos y haciendo entregas de marihuana, drogas y armas de fuego, debía ser aún mejor en desarrollar mi propio proyecto y mi propia empresa, y en ayudar a otros a avanzar. ¿Por qué no ayudar a muchachos como yo, que no veían la luz al final del túnel?

Continué trabajando duro y con constancia durante mucho tiempo.

No me rendí ni bajé la velocidad, aunque en muchas ocasiones sentí que estaba fracasando en mi intento. Pero mi deseo de éxito y excelencia era mucho más fuerte y no me permitió derrumbarme, aunque estuve a punto de rendirme y dejarlo todo para regresar a una vida que me había concedido la expectativa de que moriría antes de cumplir los dieciocho. Pero estaba haciendo algo que creía que era bueno y que la gente creía que era bueno y, de nuevo, las palabras de mi tío resonaron en mi cabeza y me hicieron reaccionar. Debía cambiar lo negativo en positivo, y hacer algo que tuviera sentido y significado en mi vida. ¿Quería seguir siendo un desperdicio o quería avanzar, ser productivo y tener éxito? Conocía la respuesta de antemano, así que continué trabajando y luchando por lo que quería.

# 13

## SIEMPRE CON DIOS A MI LADO

Hay alguien de quien todavía no he hablado: Dios. Suena gracioso o incluso paradójico que una persona del mundo de la delincuencia mencione a Dios, pero debo hacerlo. Debo hacerlo porque, con el tiempo, descubrí que Dios siempre ha estado a mi lado. Siempre me ha acompañado.

Cuando vivía en las calles de mi ciudad y en Nueva Jersey, no me mataron. Las veces que acabé en prisión fueron siempre por breves periodos de tiempo y salí en buena forma. Afortunadamente, nunca intenté matar a otra persona, y el hecho de que siga vivo y tenga el deseo de mejorar se debe con toda certeza a que Dios estaba conmigo. No desfallecí porque Dios, en toda su enormidad, me dio una razón todos los días para seguir adelante y entender que las cosas iban a cambiar para mejor. Pero todo tiene su momento y su lugar, y yo tenía que esperar el mío.

Estaba a punto de llegar una señal del Todopoderoso. Las oportunidades deben aprovecharse cuando llegan, y no más tarde.

Dios colocó en mi camino a alguien que iba a poner a prueba el conocimiento adquirido en los estudios que había llevado a cabo durante mi estadía en la prisión de Nueva Jersey y más adelante, durante mi empleo en el restaurante de comida rápida. Estaba empezando a ver que aquellos largos viajes que había creído que nunca acabarían comenzaban a dar sus frutos. Ese era el plan de Dios.

Así fue como conocí a un hombre de negocios, un comerciante de éxito a quien la gente admiraba mucho. Hablamos durante un tiempo, principalmente discutiendo temas de interés general, hasta que un día le pregunté qué hacía para ganarse la vida. Sin dudarlo, me dijo: «Los números y ayudar a las personas».

Esa respuesta me intrigó y quise saber más sobre esa mezcla de intereses. Me habló con calma de su empresa, de lo que hacía y de la forma en que su compañía ayudaba a la comunidad. Llevaba la contabilidad de varios negocios y preparaba la declaración de impuestos de muchas personas. Así era como ese emprendedor se ganaba la vida, tenía éxito y ayudaba a la gente. Tenía un negocio y una empresa de contabilidad con veintitrés ubicaciones. No tardé en empezar a trabajar para él.

Yo no tenía mucha experiencia en ese campo, ya que solo había recibido mis clases nocturnas en línea y básicamente no había tenido la oportunidad de aplicar mis conocimientos y habilidades a ese campo. Empecé por hacer un curso de impuestos. Después comencé a trabajar en la contabilidad de una empresa. Ese primer año preparé pocas declaraciones de impuestos.

Había estudiado contabilidad y ciencias de la computación, pero no tenía ni idea de impuestos; solo sabía que me los quitaban de mi cheque, eso era todo. Mi tarea era aprender a hacer los impuestos, y eso hice. Pronto estuve preparando impuestos a mano después de aprender de un abogado especializado en impuestos.

Como tenía una idea clara de lo que quería, no me tomó mucho tiempo aprender más sobre impuestos y las diferentes formas de hacerlos. Cada día que pasaba progresaba más en mi conocimiento dentro de la empresa, y cada año la cantidad de impuestos que preparaba aumentaba.

Todo lo aprendido en la vida es útil antes o después. Nunca pensé que ese conocimiento sería algo que podría usar para mi propio beneficio, pero lo cierto es que era una herramienta importante que no había aprovechado como debería haberlo hecho.

Como dije anteriormente, mientras vivía en mi ciudad practiqué muchos deportes, especialmente fútbol. Compartí e interactué con muchos latinos. Siempre estaban contentos, y eran divertidos y amables. Solían tomarme el pelo. Como yo no sabía hablar español, a veces empezaban a hablar solo en español entre ellos y yo no entendía nada. En algunas ocasiones pensé que se reían de mí por la alegría que desplegaban. Con el tiempo comprendí que no se reían de mí, simplemente disfrutaban tanto con el fútbol que siempre estaban riendo y estaban contentos de poder jugar, además de hacerlo con un estadounidense que era bueno al fútbol. Querían que yo formara parte de su mundo para que siempre jugara con ellos. Poco a poco empecé a hablar español, hasta llegar a un punto en el que podía comunicarme con todos ellos. Dejé de pensar que sus risas eran a mi costa y empecé a aprender muchas cosas.

Debido a mis habilidades como bilingüe y al hecho de que teníamos muchos clientes latinos, un día mi jefe tuvo una reunión conmigo después de una breve charla de negocios y me hizo comprender lo importante y beneficioso que sería para los latinos de nuestra área que enseñáramos a preparar impuestos en español. Para mí era increíble. Mi español era malo y le dije que a duras penas podía mantener una conversación larga, pero me guiñó un ojo como diciendo: «Puedes hacerlo».

Bien, al poco tiempo ya estaba enseñando a preparar impuestos a la comunidad latina. Mi vida seguía cambiando y yo disfrutaba con ello. Estaba convencido de que la vida me concedería muchos más éxitos.

¿Quién habría pensado que con mi español rudimentario estaría haciendo ese trabajo? Lo digo una vez más: los designios de Dios.

Los días pasaban y más y más latinos y personas de diferentes comunidades venían a la oficina a poner a punto sus declaraciones de impuestos y a aprender muchas más cosas.

De nuevo, Dios y su destino tenían para mí nuevas y positivas sorpresas.

El jefe de la oficina donde trabajaba se metió en algunas situaciones que yo no entendía del todo, pero el dueño de la empresa decidió despedirlo. Sin dudarlo, el dueño, el hombre que había conocido por casualidad, me dio una nueva oportunidad: gerente general de la oficina.

Un nuevo horizonte se abría ante mí. Era una oportunidad maravillosa para demostrar lo que podía hacer, de qué material estaba hecho y a dónde quería llegar.

Mis números aumentaron gradualmente. El primer año solo hice 130 declaraciones de impuestos; el segundo año subí hasta 600 y, para el tercer año, ya era gerente general.

La oportunidad y el empleo como gerente abrieron mucho más el panorama y el horizonte de las cosas que se pueden conseguir, pero también descubrí que no todo lo que parece correcto es correcto.

Comencé a comprender que había algunas situaciones internas en la empresa que pensaba que no eran las mejores para la imagen de la compañía, y mucho menos para lo que yo personalmente creía y sentía que era en interés de nuestros clientes.

Tomé una decisión y hablé con mi jefe para hacerle saber las cosas que no me gustaban, sobre todo la forma en que algunas personas eran tratadas en la empresa. Esa no era la idea que yo tenía sobre cómo debía ser el servicio al cliente, y mucho menos la forma en que me gustaría que me tratasen a mí. Afortunadamente, tenía en mis manos el poder de gestionar y arreglar muchas cosas. El servicio al cliente que se proporcionaba era de bajo nivel y tenía que hacer algo para mejorarlo.

Después de unos meses trabajando como gerente de la oficina y de poner en marcha algunas medidas para mejorarlo todo en general, pensé que era hora de continuar con mis planes personales.

Le pedí a mi jefe que se reuniera conmigo para tener una conversación formal y este accedió. Expresé mi interés en establecer y empezar mi propio negocio de contabilidad e impuestos, y le pregunté si podía aconsejarme, enseñarme y ayudarme a avanzar con este proyecto. Por la forma en la que me miró, supe de antemano su respuesta y sus pensamientos.

Descubrí (bueno, redescubrí) que siempre hay personas que te utilizan o para quienes eres útil mientras les proporciones algo; de otro modo, eres simplemente otra persona sin importancia que trabaja para ellos.

La respuesta de mi jefe fue algo parecido a esto: «No te metas en eso. Es muy caro. Hay que invertir mucho dinero».

Le creí durante un tiempo. Seguí trabajando para aprender otras cosas distintas que necesitaba conocer, pero sin apartar a un lado ni olvidar mi plan para abrir mi propio negocio. Seis meses después de esa conversación con mi jefe, y tras haber aprendido otras cosas importantes, tuve una breve reunión con él y le dije: «¿Sabe qué? Me voy». Su respuesta fue clara: me dijo que me quedara con él un año más para no tener que firmar un contrato inacabado, un contrato que me prohibiría trabajar en el mismo campo dentro de un área geográfica específica.

Pero la suerte estaba echada y mi decisión tomada. Abrí mi propio negocio con servicios bilingües en inglés y español. Era mi propio jefe y mi único empleado. Hice de todo, ya que no había otros empleados. Yo estaba a cargo de todo. Repartí publicidad y tarjetas de empresa, salí a hablar con la gente sobre el nuevo negocio y a promoverlo cara a cara. No tenía clientes, así que salí a la calle para convencer a la gente de las ventajas de mi nuevo negocio.

Debo confesar que fue difícil. Invertí mucho en ese esfuerzo incipiente, pero mereció la pena. Invertí toda mi vida ahí.

Empezar un nuevo negocio no es tan sencillo como parece o como la gente piensa. Las personas no confían tan fácilmente en una nueva empresa, especialmente si el negocio está relacionado con la información personal y confidencial o con el dinero de uno. La contabilidad y los impuestos están relacionados al cien por cien con el dinero, y la gente se muestra muy celosa de su dinero.

El primer año de mi empresa solo hice sesenta y cinco declaraciones de impuestos. Ese número anual no era suficiente para mantener y sufragar los gastos de la empresa. No me dejaba margen para mi propia subsistencia ni para cubrir mis propios gastos.

Sin embargo, mi esfuerzo y valor eran más grandes y fuertes que esos números tan pequeños de mi primer año. Sabía que debía fortalecer mis esfuerzos y estrategias para el año siguiente, y que tenía que trabajar más duro. Además, debía hacer algunos ajustes en mis gastos.

El segundo año sobrepasé mi año anterior con un nuevo número que parecía casi mágico: setecientos. Así que las cosas adquirieron otro color y el negocio se acercó a otro horizonte de éxito.

El tercer año el número de declaraciones de impuestos excedió los 1.700 y, desde entonces, mi empresa siempre continuó subiendo año tras año.

# 14

## LA ILUSIÓN DE UNA FAMILIA

Tal vez muchos de ustedes se estén preguntando si durante esa época me dediqué únicamente a los negocios, a fundar empresas y a trabajar, y si no me preocupé por crear espacios o tiempo para mi vida personal. Pues bien, no fue así. Aquellos años fueron mis primeros pasos como emprendedor y también mis inicios como esposo y padre.

Me casé cuando tenía treinta y cinco años con la mujer que en aquella época llenaba mi vida. Fueron años preciosos que nos regalaron dos hijos maravillosos: un niño que ahora tiene veinte años y una niña que tiene diez. Mi hijo nació antes de nuestro matrimonio porque su madre y yo habíamos mantenido una relación mucho antes.

Provengo de una familia complicada. Mi amada madre pasó mucho tiempo en hospitales, mi padre nunca proporcionó lo suficiente para la casa y yo tenía que estar solo en la calle, tomando mis propias decisiones y haciendo lo que creía que era mejor. Nunca hubo nadie para aconsejarme o guiarme en esos años tan necesarios, y siempre hubo personas a mi alrededor esperando para reclutar gente joven para meterlos en problemas. Por esas razones tomamos la decisión de abandonar lo que habíamos construido, para impedir que los niños crecieran en un ambiente negativo repleto de cosas malas.

Uno de los motivos más poderosos para dejarlo todo fue que no quería que mi hijo descubriera mi pasado. Quería guardar para mí todas esas cosas y llevármelas a la tumba cuando me llegara la hora. Obviamente era un padre responsable. Quería y sigo queriendo impedir que mi hijo y los demás niños y jóvenes en general se involucren en la clase de mundo en el que yo crecí. Ese es el principal motivo por el cual estamos en Virginia.

Supongo que muchas personas dirán que los padres pueden controlar a sus hijos solamente en casa, pero afuera es difícil o casi imposible. Incluso así quería hacer todo lo posible y hacerlo lo mejor que pudiera dentro de mi alcance.

Mi hijo no tenía ni idea del pasado de su padre y de sus enredos con los bajos fondos en los que estuve inmerso durante años, prácticamente desde la cuna. Sabía de antemano que iba a ser complicado controlarlo todo y, a medida que creciera, mi hijo tomaría sus propias decisiones y tal vez no me gustaran muchas de ellas. Pero incluso así quise arriesgar todo lo que había logrado para alejar a mi gran familia de esos peligros que nos rodeaban.

Aunque estaba claro que mi hijo iba a crecer y ser independiente, también estaba claro que todos y cada uno de nosotros necesitamos a alguien que nos ayude, nos apoye y nos aconseje, independientemente de la etapa de la vida en la que nos encontremos o lo mayores que seamos. Todos nosotros, como seres humanos, vivimos diferentes situaciones que nos llevan a distintos momentos de nuestra vida, unos complicados y otros alegres, los cuales hacen que necesitemos palabras de ánimo, una palmada en la espalda y una mano que nos ayude. Decidí que haría todo lo que estuviera en mi poder para ofrecer a mi hijo una vida más agradable y digna, sin los peligros habituales de la sociedad en la que había crecido yo.

Después de hablarlo con su madre y resolver mis numerosos asuntos legales y mis negocios, tomamos la decisión de dejar nuestro lugar de residencia y trasladarnos a un lugar donde pudiéramos establecernos con mi hijo, continuar siendo una gran familia y tener éxito en los negocios sin olvidar mi compromiso con la comunidad: ayudar a las personas, especialmente a los niños y jóvenes que pasan necesidad y que han sido olvidados y abandonados.

Hablamos de distintos lugares para vivir y decidimos que Virginia era nuestra mejor opción. Empacamos nuestras pertenencias para nuestra nueva aventura y comenzamos nuestro viaje sobre el año 2007.

Aquellos primeros días fueron complicados y confusos para todos. Llegamos a un área desconocida y diferente del lugar al que estábamos acostumbrados a vivir.

Pero la decisión estaba tomada y lo mejor que se podía hacer era mantener la cabeza alta, desarrollar nuestros planes y no rendirnos. Empecé a aprender cosas de la ciudad y los mejores lugares para empezar mi trabajo.

# 15

## UN COMIENZO TOTALMENTE NUEVO

Visité toda la ciudad y los condados cercanos para tener una idea clara de la comunidad, sus necesidades y, por supuesto, la competencia que habría. Descubrí que no había muchos negocios de impuestos que ofrecieran servicios en español y comprendí que un lugar accesible cerca de la comunidad latina sería una buena opción para comenzar. Sabía también que habría muchos estadounidenses interesados en los servicios que iba a ofrecer.

Unos días más tarde, ya tenía mi propia oficina que empecé en un salón de belleza, y permanecí allí durante unos meses, esperando la oportunidad para dar el gran salto. Sin embargo, al principio las cosas no fueron demasiado bien y el negocio crecía lentamente, muy poco a poco. Pero todos los días me parecía que había elegido el lugar perfecto e ideal.

Como la situación inicial no lo permitía, no tenía ninguna clase de ayuda: empecé solo. Una vez más, distribuí tarjetas de la empresa, hice contactos cara a cara y hablé con la gente sobre mi oficina y los servicios que ofrecía, y la gente me escuchó.

Muchos latinos me veían como a un estadounidense más, pero cuando me acercaba a ellos y les hablaba en español, inmediatamente cambiaban de actitud y me abrían sus puertas para escucharme sin problemas.

Poco a poco, lentamente, fui ganándome la confianza de la gente. Mi negocio empezó a crecer y así fue como formé mi primera empresa, la cual, en un corto periodo de tiempo, ya era conocida en la comunidad, especialmente entre los latinos. Ese fue solo el comienzo; aún tenía un largo camino por delante y muchos impuestos que preparar.

Con el tiempo contraté a una señora para la oficina que contribuyó enormemente al desarrollo de la empresa. Era una persona de buenos principios, muy buena en lo que hacía, honesta y profesional. Trabajó conmigo varios años.

Durante mucho tiempo y con mucho trabajo, profesionalidad, honestidad y dedicación a nuestros clientes, mi negocio se convirtió en el número uno de la zona.

Fueron principalmente los latinos quienes se beneficiaron de los servicios que ofrecíamos. Yo gané dinero, por supuesto, pero ellos se beneficiaron al trabajar con una empresa honesta y legítima que preparaba impuestos de la mejor forma, para que los clientes obtuvieran la devolución más alta posible o, si era necesario, para que pagaran la mínima cantidad posible, siempre dentro de los parámetros legales proporcionados por las leyes de impuestos.

Junto a los servicios de preparación de impuestos, comenzaron a crecer los servicios de contabilidad que ofrecía mi compañía. En aquella época había pocas empresas que ofrecieran servicios de preparación de impuestos en español, y había incluso menos —casi ninguna— dedicada a ofrecer servicios contables para los negocios latinos de la región. Normalmente tenían que contratar a una empresa que proporcionaba esos servicios en inglés y después a alguien que lo tradujera. Gracias a eso, mi empresa dio en el clavo entre la comunidad latina en general.

Aunque era el propietario de mi propia compañía, siempre intenté devolver a la comunidad lo que recibía como empresa y como persona. Hoy continúo haciendo lo mismo, y continuaré haciéndolo esté donde esté.

A medida que pasaba el tiempo, tuve que contratar a más personas, principalmente durante la temporada de impuestos. Durante esas fechas la demanda de nuestros servicios era tan grande que en la oficina teníamos fácilmente a siete personas trabajando, ayudando a todos nuestros clientes con sus preguntas y asuntos relacionados con los impuestos.

La empresa creció hasta tal punto que su fama trascendió los límites locales y llegó a los oídos de los altos ejecutivos de grandes empresas dedicadas a impuestos, los pesos pesados del mercado de preparación de impuestos.

Allá por el año 2010, una de ellas le ordenó a uno de sus ejecutivos que se pusiera en contacto conmigo para hablar de negocios. Su negocio estaba claro: querían comprar a mi bebé, mi empresa que hacía menos de dos años que había comenzado a andar pero que había crecido tanto que no lo podían creer. Eran incapaces de encontrar respuestas a un éxito tan grande.

Tuvimos unas cuantas reuniones y casi alcanzamos un preacuerdo para la venta de mi compañía, y las conversaciones fueron fructíferas. Estaban desarrollando prácticamente todas las condiciones necesarias para que yo hiciera la venta y consiguiera un buen beneficio. Sin embargo, tuve que abandonar la negociación y olvidarme temporalmente de esa maravillosa oferta.

Muchas personas creen que, cuando tienes éxito en los negocios, tienes éxito en todas las facetas de la vida, pero la realidad es que no siempre es así.

Soy un hombre sencillo y sin complicaciones, así que, en 2009, cuando me casé, lo hice sin festejos y sin dar una recepción. Fue una ceremonia sencilla y nada más. Siempre traté de llevar mi vida familiar del mismo modo: una vida sencilla y tranquila pero una vida decente y buena llena de principios.

Educo a mis hijos bajo las premisas de responsabilidad, unión, honestidad y sinceridad. Esas son las cosas que valoro, y estoy agradecido por las personas cercanas a mi familia o que forman parte de ella.

Pero con mi mala suerte y las circunstancias normales de la vida que enfrentan todos los seres humanos y de las cuales tal vez muchas personas no logran escapar, tuve problemas familiares y maritales que comenzaron a minar el maravilloso mundo familiar que tenía y por el cual había luchado sin descanso. A veces olvidamos momentos y situaciones que representan indudablemente mucho más que hacer un negocio y ganar algo de dinero. Crees que el negocio es más importante porque al final su producto —el dinero— es lo que quedará para tus seres queridos.

Bien, para mi sorpresa esa no era la realidad que tenía en casa. La realidad era otra bien distinta y, en un abrir y cerrar de ojos, aunque se había visto venir durante bastante tiempo, mi esposa y yo nos separamos.

Esto estaba sucediendo al mismo tiempo que una gran compañía de alcance nacional estaba interesada en comprar mi empresa. Estaba impresionado por esa oportunidad de negocio mientras mi mundo familiar se derrumbaba.

Pero soy un hombre consciente de mi realidad. Nunca trato de mentirme a mí mismo o a otros, ni de tapar el sol con un dedo. Al final acabé separándome de mi esposa en 2016.

Esa situación me causó muchas dificultades personales y laborales durante algún tiempo, porque me resultaba un poco difícil dedicar toda la atención necesaria a los asuntos de la empresa. Solo aquellos que hayan atravesado una situación así pueden expresar realmente lo que se siente.

Afortunadamente, el tiempo pasa y ayuda a cicatrizarlo todo y a cerrar las heridas. Las cicatrices y los recuerdos permanecen como hermosos recordatorios de los años compartidos. Durante la época de la separación e incluso después reflexioné que, al final, todo sucede en el momento preciso por un motivo. Me recordó que los momentos de Dios son perfectos y que nada sucede sin que Él lo decida.

Con esos pensamientos, seguí adelante con el trabajo de mi vida, dejando atrás lo que había sucedido en mi vida personal y familiar y tomando en consideración que esto era una parte de mi vida y que a partir de entonces las cosas serían un poco diferentes.

A pesar de la situación familiar, la empresa continuó creciendo sin cortapisas. La experiencia de la propuesta de la compañía de nivel nacional ya estaba en el pasado y, aunque pudo haber sido una oportunidad maravillosa para amasar una pequeña fortuna y continuar mi expansión hacia otros territorios, sabía bien que, si Dios lo decidía, seguro que tendría una nueva oportunidad que bien podría ser mejor.

Durante aquellos años, mi empresa estaba considerada la gestora de impuestos número uno entre la comunidad latina. Ya no solamente ofrecíamos servicios de impuestos, sino que desarrollamos una serie de servicios adicionales, como servicios de notaría, preparación de nóminas y contabilidad para empresas entre otros.

Cada día comprendía que, cuando una persona desea de verdad un cambio en su vida, trabaja para conseguirlo y además tiene objetivos claros y alcanzables y no se rinde, no hay duda de que encontrará el éxito al final del camino.

Es posible que suene sencillo, pero en realidad no lo es. Aunque no es imposible. Como dije, debes tener pensamientos claros y definidos, y ponerlos en práctica para lograrlo.

La gente debería tener un plan de vida y seguirlo al pie de la letra. Puedes empezar con objetivos pequeños que no tienen que implicar necesariamente grandes empresas y logros. Todo tiene que hacerse paso a paso, según nuestras capacidades y posibilidades.

Al principio no es aconsejable planear grandes objetivos, porque si no se pueden conseguir, pueden crear una gran decepción en las personas. Esto no significa que no podamos tener planes enormes para nuestro futuro, simplemente significa que debemos comenzar con pequeños logros y aumentar gradualmente el tamaño y complejidad de los mismos.

Me gustaría ofrecerte un ejemplo sencillo. Si quieres tener una casa, sería aconsejable pensar en una casa pequeña adaptada a tus necesidades. No pienses en una gran mansión con multitud de habitaciones, baños, patios y muchas otras cosas. Lo mejor que puedes hacer es pensar en una casa que se adapte a tus necesidades iniciales básicas y, una vez que hayas conseguido esa casa modelo y después de disfrutarla por un tiempo, entonces probablemente sea el momento de pensar en cambiarla por otra nueva y mejor. Exactamente igual que en el ejemplo, sigue trabajando lento pero seguro y sin parar hasta que consigas la gran casa que querías desde el principio.

Puedes tener grandes pensamientos para tu futuro y eso es maravilloso, pero debes tener presente que todo se logra paso a paso, trabajando duro pero con tranquilidad, constancia, dedicación, honestidad, amor y fe en Dios. Puedes estar seguro de que por el camino habrá muchos momentos en los que te sentirás morir y querrás rendirte, dejarlo todo y regresar a tu pasado. Todo eso es normal y forma parte del proceso.

Lo más importante es saber que va a suceder y que es normal, que es algo que tiene que vivirse, experimentarse y superar. También habrá momentos en los que creerás que nada resulta de la forma que tú quieres o que las estrellas y el universo se han aliado contra ti. Varias experiencias negativas pueden hacerte pensar que lo mejor es rendirse y rematar todos tus proyectos. Tal vez sea el momento de detenerse, descansar, repensar y ajustar tus metas, tus planes y la forma en que estás trabajando para alcanzar cada uno de ellos.

No hay nada malo en detenerse, ajustar y repensar. Nadie tiene la fórmula mágica del éxito. El golpe de suerte y prosperidad no existe. El éxito solo se logra con mucho trabajo, estudio y dedicación. Así que, cuando te sientas caer, detente por unos instantes, mira todo lo que has logrado y lo lejos que has llegado y verifica que tus metas y objetivos son realistas y se pueden conseguir con el plan que has desarrollado.

Si tienes que hacer cambios o ajustes a tus objetivos, hazlo sin miedo y sin dudarlo. Es mejor hacer esos ajustes sobre la marcha que llegar al final del éxito falso, que significa que crees que has alcanzado tu meta, pero en realidad es solo una ilusión óptica, una realidad disfrazada, un sueño engañoso que se convertirá en una triste pesadilla.

Eso es lo que he hecho en mi vida. No todo ha sido fácil. Ha habido muchas veces en las cuales las cosas no han salido como yo me proponía o como las había planeado. Cunado sucedía eso, tenía que detenerme y pensar en qué hacer, cuál era la mejor opción y la forma en que debía ajustar o cambiar mis planes para alcanzar el éxito y las metas deseadas. Es en esos momentos cuando tienes que estar al máximo, porque es importante estar al cien por ciento y tener todos los pensamientos al más alto nivel para tomar las nuevas medidas más apropiadas para llegar hasta donde quieres llegar.

Más tarde hablaré un poco más sobre este proceso y cómo cualquiera puede tener éxito. Siempre me digo a mí mismo que si yo, una persona que vivió en la delincuencia e hizo cosas negativas, pudo salir de allí y tener los planes que tengo, ¿por qué otras personas no van a poder tener éxito y lograr todo lo que se propongan en la vida?

# 16

## LA VIDA Y EL ÉXITO NO ESPERAN

Después de separarme de mi exesposa, llegaron a mi vida tiempos difíciles a pesar de que mi negocio continuaba creciendo y otros negocios continuaron a flote con relativo éxito.

Hubo muchos momentos en los cuales quise pararlo todo y quedarme con lo que había conseguido hasta entonces, pero algo en mi interior me decía que eso no era lo mejor y que, por muy complicadas que fueran las circunstancias que estaba atravesando, todo iba a pasar y las aguas volverían a su cauce normal.

Con todos esos pensamientos en mi cabeza y la mente clara, decidí que lo mejor era seguir adelante con mis planes. Sabía que lo que había sucedido con mi familia era parte de mi pasado, pero seguirían siendo parte de mi presente y mi futuro, y mis hijos nunca estarían solos. Mi padre nunca había estado en casa y yo no iba a hacer lo mismo, ni siquiera aunque no viviéramos bajo el mismo techo.

La marca de mi negocio crecía cada día, y cada temporada de impuestos más y más personas se ponían en contacto con nosotros para confiarnos sus declaraciones de impuestos y, para entonces, también muchas empresas dejaban las nóminas de sus empleados en nuestras manos.

A medida que crecíamos como empresa, otras compañías empezaron a operar en el mercado. Algunas desaparecieron y otras también crecieron. El mercado de personas que necesitaban ayuda para preparar sus impuestos se hizo cada vez más grande y más exigente. Por lo tanto, hubo nuevas empresas que entraron en la competencia y eso nos obligó a ofrecer un servicio más profesional y mejor cada día.

Una de estas nuevas empresas era una gran compañía con tentáculos a nivel nacional, lo cual suponía una competencia injusta por su tamaño, su capacidad para moverse y el dinero que tenía para su desarrollo. Era la hermana pequeña de la que estaba considerada la compañía de preparación de impuestos más grande de los Estados Unidos.

La compañía original es una empresa líder a nivel nacional en el sector de los impuestos, especialmente en el mercado de habla inglesa. Sus tentáculos incluso llegan a otros países donde cuenta con varias sucursales. Su propietario tiene a sus espaldas muchos años de experiencia en el sector, es muy competente y posee el conocimiento necesario para desarrollar muchas empresas a cualquier nivel.

Después de numerosos estudios de mercado y muchas discusiones, esa compañía había decidido abrir una empresa hermana dedicada a abordar el mercado latino de la preparación de impuestos.

Mi empresa continuó con su fantástico trabajo, desarrollando cada uno de sus planes para atender y ayudar a la comunidad en general. Teníamos claro que nada ni nadie, ni siquiera las compañías más grandes, nos haría retirarnos del mercado. Sabíamos lo que queríamos y a dónde queríamos llegar.

Obviamente éramos conscientes de que cada día sería más difícil y tal vez tendríamos que hacer más ajustes y cambios, pero no nos daríamos por vencidos en nuestro trabajo.

En su esfuerzo por cubrir todos los mercados, la otra gran empresa me contactó porque querían hablar conmigo. Después de varios intentos, al final acordamos y programamos la que sería la primera de muchas reuniones. El propietario de las otras dos compañías era el anfitrión de aquellas reuniones. Como mencioné anteriormente, es un hombre sabio con una amplia experiencia, capaz de conseguir casi cualquier cosa. Su poder es tal que está clasificado como uno de los hombres de negocios más influyentes de los Estados Unidos.

Pues bien, después de varias conversaciones y explicaciones sobre el objetivo de sus empresas, surgió el punto principal de la conversación: la propuesta comercial que habían planeado meticulosamente.

Fueron claros a la hora de explicarme que lo que querían y lo que buscaban era mi empresa. Habían estado siguiéndola. Conocían casi cada movimiento comercial que había hecho y tenían información relativa a mi negocio, mis empleados y los servicios que ofrecíamos. Como poco se puede decir que lo sabían casi todo de mi empresa.

Expresaron su interés en comprarla. Mi pequeña empresa estaba en el radar de lo que yo creía que era una de las compañías de preparación de impuestos más grandes e importantes de los Estados Unidos.

Incluso con toda esa presentación, mi respuesta inicial fue no. Dije: «No, no quiero. Me encanta mi empresa y ya tuve una oferta de esta naturaleza de otra compañía». La situación me trajo recuerdos de la conversación que había mantenido con la otra empresa y lo que me estaba sucediendo en mi vida personal en esa época.

Insistieron y me dieron a conocer muchas más cosas sobre su empresa, su filosofía, los planes que tenían para la comunidad latina y los beneficios que nos brindaría el trato a mis empleados y a mí.

La reunión fue más larga de lo esperado, pero creo que era necesario porque había mucho en juego.

Me pareció que el trato podía ser la gran oportunidad que había estado esperando para crecer y cumplir mis sueños y planes o, por el contrario, se podía convertir en una catástrofe que me llevara al fracaso. *Fracaso* era una palabra que sabía que existía, pero que nunca había estado en mis pensamientos, como si la hubiera borrado de mi diccionario.

Analicé la oferta durante muchos días y consulté con varias personas. No está mal ni es un delito pedir consejo cuando no estás seguro de lo que debes hacer, especialmente si no estás seguro de lo que puede ocurrir. Además, es de sobra conocido que varias cabezas piensan mejor que una, y que hay personas inteligentes con formas diferentes de pensar y analizar las situaciones.

Pasaron por mi cabeza numerosos pensamientos, desde los días en los que hacía entregas de marihuana, a mi temporada en prisión, mi trabajo en la chatarrería y mi éxito con mi empresa actual, pero ahora me estaría metiendo en un negocio que podía darme mucho o quizás acabaría expulsándome del mercado. Pero sabía que, si Dios había puesto esta prueba en mi camino, era porque Él lo había dispuesto así de antemano. De nuevo, los tiempos de Dios son perfectos.

Así que, después de conocer la visión de la otra empresa, consultar con otras personas y convencerme a mí mismo de que esta oportunidad había sido enviada por Dios, acepté la oferta y las condiciones de venta.

El propietario de la otra empresa y yo sabíamos que la comunidad latina se convertiría en la más numerosa de los Estados Unidos, con su poder de compra y de inversión. La cantidad de dinero que manejaría esa comunidad sería grande y, por esa razón, era importante contar con bases sólidas para llegar a ellos.

En su propuesta me ofrecieron no solo comprar mi empresa, sino que yo me convirtiera en parte de la nueva empresa. Mi puesto sería el de vicepresidente a nivel nacional.

Ese puesto atrajo mi atención porque consideré que, desde ahí, podría continuar trabajando en lo que me gustaba, pero también tendría la oportunidad de ayudar a los latinos desde distintos frentes. Eso era algo que deseaba desarrollar desde dentro de ese gran monstruo comercial.

Mi vida ahora estaba dividida entre distintas ciudades de los Estados Unidos. El trabajo me mantenía constantemente viajando y en reuniones. Continué aprendiendo más cosas sobre empresas, gestión de personal y contabilidad. Conocí a personas importantes que se movían en las altas esferas y, por supuesto, abrí nuevas oficinas de la nueva marca de la empresa.

Mi jefa directa era una mujer con mucha experiencia en ventas, pero aparentemente poca experiencia en impuestos y gestión de personal. Intentó hacer todo lo posible para aprender ese mundo, pero, como presidenta, no hay oportunidades para errores y mucho menos para permitir que tus subordinados sepan que no conoces las respuestas o la forma de hacer un negocio o una propuesta, o simplemente dar una respuesta errónea a una pregunta que, para una persona que gestiona el mundo de los impuestos, sería algo infinitamente sencillo y simple.

Unos meses después empecé en esa compañía con el cargo de vicepresidente. Después de hacer un gran trabajo, me sorprendió lo que sucedió un día.

Mi jefa dimitió de repente, aunque se había visto venir durante días debido a sus dificultades para dirigir una empresa dedicada a los impuestos. La siguiente sorpresa llegó casi inmediatamente: en una reunión breve e informal, fui designado presidente general de esa compañía de nivel nacional. En ese momento comprendí que los tiempos de Dios son sabios y exactos.

Pensé: «*No quería vender mi pequeño negocio y ahora soy presidente de una de las empresas de preparación de impuestos más grandes de los Estados Unidos*». Era increíble. Estaba en las nubes, pero, al mismo tiempo, pensé que ese era el resultado de mis decisiones, mi trabajo, mi esfuerzo y mis sacrificios, y de alguna forma era también la recompensa por todos los planes que había diseñado mucho tiempo atrás. Claro que nunca me había dicho a mí mismo «*Seré presidente*», pero llegar a un puesto como ese era un sueño hecho realidad para cualquiera, creo yo.

«*¿Qué más puedo pedirle a la vida y a Dios?*», pensé para mí. «*Soy el* *presidente, tengo mi vida casi resuelta y, aparte de eso, puedo hacer muchas cosas por mi gente».* Como dirían algunos, tenía el cielo en mis manos.

Mi trabajo ahora era mucho más complicado de lo que había creído. Viajaba de un lugar a otro y me reunía con toda clase de personas, incluyendo grandes ejecutivos, políticos nacionales e internacionales, líderes comunitarios, hombres de negocios, asociados, empleados, futuros miembros y muchos más. Era una vida ajetreada y complicada. Viajaba por todo el país llevando el mensaje de la compañía de preparación de impuestos que presidía.

Bajo mi mandato abrimos más de 162 oficinas nuevas a lo largo y ancho del país, que hoy en día siguen trabajando para la comunidad latina. Se pusieron en marcha nuevos servicios en todas las oficinas para hacerles la vida más fácil a los latinos con todos nuestros servicios en un solo lugar. Impuestos, servicios de notaría, clases de inglés, contabilidad y nóminas constituían el paquete de servicios que ofrecíamos a nuestros clientes. Intentábamos ofrecer cualquier servicio que precisaran para evitar que tuvieran que ir de un lugar a otro buscando lo que necesitaban.

Como apenas estaba en mi localidad, me resultaba imposible estar en contacto con los que habían sido mis clientes en el pasado, pero había sabido de antemano lo que iba a suceder porque formaba parte del acuerdo de venta de mi empresa de preparación de impuestos. La idea era que mi negocio se disolvería gradualmente con el tiempo: el nombre, las fotografías y todo lo que representaba a la empresa desaparecerían para convertirse en el nuevo negocio, al cual yo representaba en ese momento. Sin embargo, parecía que mis clientes me extrañaban, ya que seguían preguntando por mí.

Pero mi trabajo a un nivel nacional de esa magnitud me absorbía casi completamente. Los viajes, la puesta en marcha de nuevas ubicaciones, las capacitaciones y las reuniones consumían todo mi tiempo. Era, sin duda, un trabajo maravilloso y una oportunidad tremenda apara mejorar y crecer, de la cual tomaba y aprendía todo lo que podía. Obtuve muchas satisfacciones durante mi época como vicepresidente y más adelante presidente de esa compañía. Tengo que destacar la creación de nuevas ubicaciones y la colaboración con futuros emprendedores.

Tener la oportunidad de capacitar a un nuevo emprendedor es algo maravilloso. Es escuchar a la gente decir: «No sé si puedo, si soy capaz, si tengo las condiciones necesarias o si tengo suficiente dinero», y después trabajar con ellos paso a paso, poco a poco, y acompañarlos durante todo el proceso, enseñándoles que pueden hacerlo y haciéndoles ver que las cosas no son tan complicadas como parecen. Las metas no son simples, pero pueden lograrse. Verlos después de un tiempo, sonriendo felices y abriendo e inaugurando su propio negocio no tiene precio. Es algo que llena todo tu espíritu y toda tu alma. Llena todo tu ser con las mejores y más valiosas vibraciones y energías.

Es maravilloso cuando una persona que ha estado en situaciones tan oscuras y negativas como las que yo viví se acerca a mí para pedir ayuda y consejo y, después de unos minutos, ya me está contando su historia personal. Llego a conocer tantas cosas de las personas que parece como si las conociera de toda la vida, y empiezan a formar parte de mí. Es como si hubiera un compromiso personal y no solo un compromiso comercial. Es maravilloso.

Solo tienes que tomar la decisión de tener éxito y sentir el deseo de hacer cosas buenas, tener objetivos claros y una enorme energía para dar vida y actuar en la dirección correcta para lo que quieres hacer. No importa quién eres o qué has sido. No importan tus estudios, tu idioma ni muchas otras cosas. Si has tenido problemas, si tienes o no experiencia o si eres joven o viejo, hombre o mujer, nada de eso importa si quieres tener éxito.

Para tener éxito solo necesitas tener una mente clara y decidida y dejarte guiar por personas que ya han vivido y experimentado ese proceso de forma exitosa. Me hace feliz descubrir estas verdades con otros, porque significa que todos podemos ser felices y tener éxito. Lamentablemente, pocas personas toman la decisión de ir adelante para lograr cosas mejores de forma independiente. En lugar de eso, prefieren quedarse donde están, hacer lo que les hace felices, trabajar para otros y ayudar a otros a hacerse ricos y poderosos, en lugar de hacerlo para ellos mismos.

No todo en mi vida ha sido siempre maravilloso. He tenido muchos momentos difíciles y complicados. No creo que haya un solo ser humano sobre la faz de la tierra, por mucho éxito que haya tenido, que pueda decir que nunca ha tenido momentos complicados, debilidades o fracasos. En algún momento de nuestras vidas todos atravesamos dificultades. Algunas personas deben enfrentarse a condiciones inmensamente más negativas que otros, pero al final esas situaciones nos ponen en un camino firme sobre el que caminar. Yo no soy una excepción a esas situaciones.

En mi infancia y adolescencia tuve que vivir inmerso en un mundo repleto de delitos de todo tipo y, aunque sabía que participar en esos delitos era algo negativo, estaba convencido de que era normal porque todos los que vivían allí participaban directa o indirectamente en ese mundo. Ya te conté esa parte de mi pasado para que supieras de dónde vengo y el mundo que dejé atrás. Hoy no tengo nada que ver con ese mundo, esos crímenes y delitos o esa vida, pero sí tengo problemas de una naturaleza diferente.

Aún conservo un vínculo con esa vida: el enorme deseo de ayudar a personas que se puedan encontrar en las mismas aguas pantanosas y enfangadas, o que tengan alguna clase de problema con las drogas o el alcohol y necesiten una mano amiga, un consejo, un consejero, un guía, un hombro en el que apoyarse o alguien que los escuche.

Cualquier cosa que te propongas es posible si lo deseas y trabajas duro para lograrlo. No hay barreras para los que tienen una mente clara, no se rinden y no permiten que los obstáculos y las controversias los superen.

Tengo un gran compromiso conmigo mismo. No puedo (y no quiero) ocultar que mi vida fue difícil cuando era niño y que estuvo marcada por la tristeza, los fracasos, los miedos, el hambre, la pobreza, los robos y otros delitos, los momentos malos y las decepciones. También tuve algunos éxitos, buenos momentos, sueños, esperanzas y, sobre todo, tuve muchos planes y deseos de avanzar todos los días y lograr muchas cosas, independientemente de dónde estuviera o a dónde quisiera llegar. Estoy seguro de que, cada vez que consigo una meta, tendré planeada otra mucho más grande y más importante.

No olvido de dónde vengo y, por ese motivo, uno de mis mayores compromisos es ayudar y animar a las personas, a los jóvenes especialmente, a avanzar, a no detenerse, a lograr sus objetivos, a estudiar, a destacar y a no convertirse en uno más del montón. Quiero que busquen y se esfuercen en conseguir oportunidades positivas. Quiero que cambien los malos pensamientos por pensamientos positivos, que actúen de la misma forma y que, con el tiempo, se conviertan en un ejemplo para otros muchachos y ayuden a los que vienen detrás de ellos.

Entre las cosas que intento hacer está compartir con los jóvenes y hablar con ellos. Les hablo de la realidad de la vida, de la verdad. Les digo que los personajes de televisión y las dramatizaciones son el producto de cerebros comerciales que buscan vender y generar audiencias. No se esfuerzan demasiado por educar y ayudar y no son reales, sino personajes de ficción. Les pido que despierten, que actúen, que hagan cosas por sí mismos y no esperen a que otros hagan cosas por ellos. Los animo y les digo que los jóvenes deben enfocarse en algo bueno, algo positivo. Si quieren un auto, joyas o riquezas, cualquier cosa que quieran, tienen que trabajar, hacer cambios positivos y hacer cosas que perduren toda una vida. Las drogas y otras cosas pueden dar dinero, pero, al final, únicamente generan más problemas y esa felicidad es solo temporal, mientras que los problemas permanecen para siempre e incluso pueden conducir a la muerte.

Les hago comprender que tienen cosas positivas, mucha energía y muchas capacidades y cualidades que están esperando a ser activadas, a pellizcarlos y ponerlos a trabajar para su propio beneficio y bienestar. Hago que comprendan que tienen que saber las cosas por sí mismos, saber quiénes son, saberlo con claridad y dejar que las influencias positivas los cambien y los moldeen. Pueden escuchar las influencias negativas para conocerlas e identificar quién las ha expresado, pero nunca deben seguirlas ni prestarles atención, solo tomarlas y arrojarlas a la basura.

Siempre fue motivo de celebración y alegría cuando otra persona lograba abrir su propia oficina. Para mi fortuna y orgullo, yo fui el arquitecto de los logros de muchas personas en los Estados Unidos.

# 17

## NUEVOS VIENTOS

El nuevo negocio fue una gran escuela de aprendizaje y práctica. Allí aprendí muchas cosas. Pude desarrollar un gran número de programas y abrir varias oficinas en muchas ciudades del país —162 en total— mientras fui presidente.

El trabajo implicaba celebrar reuniones a las cuales invitábamos a miembros de la comunidad que estaban interesados en abrir y dirigir su propio negocio. Allí explicábamos el proceso de convertirse en emprendedor con nosotros y los requisitos que debían cumplir. Los apoyábamos durante todo el proceso y les dábamos todos los consejos y recursos necesarios para que su iniciativa tuviera éxito y no fracasara a medio camino. Me aseguré de proporcionar un servicio al cliente completo y excelente, y de educar a nuestros socios en nuestra filosofía.

Participé personalmente en numerosas sesiones de capacitación. Conocí y estreché la mano a muchos de los nuevos emprendedores, y me enorgullece decir que de alguna forma soy parte del éxito. Muchos de ellos eran latinos deseosos de progresar.

Merece la pena hacer una breve pausa en mi relato sobre impuestos y negocios para hablar de otros sueños y empresas que ocupaban mi tiempo.

Mientras levantaba mi empresa y trabajaba en ella, también me dedicaba a crear nuevas empresas en diferentes campos, todas ellas con metas y objetivos claros. Obviamente, cada una de ellas apuntaba a un mercado en particular después de realizar un análisis de dicho mercado y de su potencial de crecimiento.

No es un secreto que el sector de la construcción está en constante desarrollo y siempre en movimiento. Este sector necesita continuamente personal y empresas que puedan desarrollar proyectos, ofrecer calidad y garantizar cada trabajo. Con esas y otras perspectivas en mente, creé una empresa contratista dedicada a ejecutar construcciones, obtener contratos de distintas naturalezas, contribuir enormemente a la economía y, por supuesto, ofrecer muchas oportunidades de empleo a las personas durante todo el año. La empresa siempre tiene contratos a nivel local y estatal en los cuales demostramos en todas las ocasiones el cumplimiento de todas las regulaciones, la responsabilidad, la calidad, la profesionalidad y una garantía absoluta en cada trabajo que completamos.

Hace ya casi ocho años que creamos esta empresa y durante todos estos años siempre hemos demostrado unos principios claros y nunca hemos dejado de superar ninguno de los desafíos ni de completar ninguno de los contratos que nos han otorgado. Es un honor decir que esta empresa es líder en nuestro mercado. Es una empresa de construcción de clase A certificada por el Departamento de Regulación Profesional y Ocupacional.

Debido al mercado en el que estamos, tenemos la fortuna y oportunidad de aprender todos los aspectos del arrendamiento de propiedades comerciales y residenciales. Descubrimos que la comunidad latina carecía de una empresa digna de confianza en la que pudieran apoyarse y donde los hablantes de inglés pudieran encontrar alternativas y servicios diferentes.

Bien, esa fue otra oportunidad de negocio. Decidí arriesgar un poco y fundé una empresa que ofrece arrendamientos de propiedades comerciales y residenciales. Con esta empresa tengo la oportunidad de diversificar mi cartera de empresas, cubrir un mercado más amplio, garantizar un servicio de calidad y, por supuesto, intentar atraer a los clientes de una empresa a otra dentro de mi propio mercado.

Después de más de tres años con esta empresa, he logrado ofrecer servicios excelentes a la comunidad en general y he descubierto que es mejor estar ahí cuando la comunidad necesita confiar en una empresa. Afortunadamente, mi nombre es bien conocido y la gente reconoce que mi nombre en un proyecto garantiza que es un buen proyecto.

Me siento feliz de hablar sobre este tema porque ha sido el resultado del trabajo duro, muchas experiencias, mucho sufrimiento, dedicación y profesionalidad. Claro que detrás de todo esto hay muchas personas que me han ayudado y sin las cuales ninguna de mis empresas sería lo que son hoy.

Con mi crecimiento en los negocios, otra idea surgió en mi mente. Manejando mi auto por las calles de la ciudad me di cuenta que había muchas propiedades descuidadas. Pensé que, si se arreglaban y revitalizaban esas propiedades, seguro que sus precios aumentarían y, por supuesto, la apariencia de las áreas donde estaban ubicadas mejoraría. Los cambios en esas propiedades supondrían un aumento de sus precios, más seguridad, mejores escuelas y carreteras y mayor desarrollo general y mejora de las comunidades a su alrededor.

Sin dudarlo, me senté, empecé a escribir y fundé mi siguiente empresa dedicada a la inversión en propiedades. El objeto comercial de esta empresa es básicamente comprar, reparar y después vender propiedades.

Es un negocio maravilloso, pero no es tan fácil como parece, porque el negocio inmobiliario es arriesgado. Es posible que hoy tengas buenos precios, pero los precios pueden caer de un momento a otro y todas tus ganancias pueden convertirse en pérdidas.

La última empresa lleva casi seis años en el mercado y desde su fundación ha logrado resultados impresionantes. Crece más y más cada día, y cada vez más personas nos buscan para que seamos ese vínculo entre su inversión y la propiedad que desean comprar o vender.

No puedo decir que todas estas ideas hayan estado conmigo desde el principio. No, en absoluto. Son producto del aprendizaje adquirido con el tiempo.

Como he dicho, los objetivos y las metas se ajustan a medida que transcurre el tiempo y según se necesite, y cuando las cosas no salen como se habían planeado, es necesario detenerse, observar, analizar y ajustar si fuera necesario. He hecho algo similar cada vez que lo he necesitado o lo he considerado adecuado.

Hay en el mundo una cantidad casi ilimitada de oportunidades e ideas esperando a ser desarrolladas y explotadas. Algunas veces las personas ni siquiera las perciben y pasan por la vida sin detenerse y pensar en lo que les rodea, lo que tienen, lo que hay y lo que no hay. Son como sonámbulos vagando por el mundo y solo se dedican a la rutina de sus vidas día tras día. Son como máquinas humanas porque todo lo que hacen lo hacen de forma mecánica, por costumbre. Una persona así es como una marioneta: solo hace lo que fue diseñada para hacer y nunca podrá hacer algo por sí misma. Está predestinada y predispuesta a hacer solo aquello para lo cual fue diseñada. Del mismo modo, muchas personas pasan por el mundo sin cambiar, progresar o evolucionar. Son como marionetas, esperando a que alguien mueva sus hilos para hacer o sentir algo. Muchos hemos visto películas de zombis. Estas personas son algo parecido: muertos en vida. Se acostumbraron a no hacer nada más que lo acostumbrado y lo que se les pedía o lo que tenían que hacer para recibir una cantidad mínima de dinero y pagar sus facturas todos los meses.

Reconozco que da miedo empezar y es difícil, y que dudamos todo el tiempo porque no queremos fracasar. Todo esto es razonable, pero si no empiezas, si no te atreves, ¿cómo sabrás lo que puedes conseguir? ¿Cómo sabrás cuán lejos puedes llegar? Tienes que asumir riesgos e intentarlo, es la única forma de saberlo y estar seguro.

Si las cosas no van como pretendías, efectivamente, eso es malo, pero no es el fin. Incluso los mejores inventores del mundo en tecnología y en otros campos probaron muchas veces antes de que sus ideas tuvieran éxito. Así que, si no tienes éxito a la primera, inténtalo de nuevo. Aplica las lecciones y experiencias de esa primera vez a la segunda ocasión. Recuerda siempre separar lo bueno de lo malo y lo mejor de lo bueno. Cada experiencia, por muy mala que sea, siempre te deja una lección. ¡Aprovecha esas lecciones! Haz que sean útiles.

No puedes desistir. Rendirse es la respuesta de los cobardes, los mediocres y los perezosos. Lo sé porque lo he vivido. En algún momento sentirás deseos de rendirte, pero no te preocupes: es temporal. Cuando reinicias tus planes y aplicas todo tu corazón y las lecciones aprendidas de esa primera vez, verás que cada vez las cosas son más sencillas, los procesos más fáciles y los resultados mejores y más grandes.

A medida que logres tus metas, verás que te vienen nuevas ideas, proyectos y oportunidades. Analízalos, piensa con tranquilidad y compártelos con las personas en las que confías. Pídeles su opinión y toma la decisión que crees que es la mejor para ti, para tus planes y para tu futuro.

Te digo esto con experiencia y conocimiento: cuanto más escales, más difíciles se volverán las cosas porque siempre querrás tener más éxito, mejorar las cosas, evitar cometer errores y ser casi perfecto. Esas cosas le desgastan mucho a uno.

No quiero decir o insinuar que te convertirás en otra persona, un ser humano diferente de la persona que eras cuando empezaste a tener éxito. No, por supuesto que no. A medida que subes, tienes la obligación de ser más humilde. No olvides que, aunque llegues muy alto, tu éxito no significa que seas más que otros. La grandeza de los seres humanos se mide cuando están en la cima, en su punto más álgido, no cuando están abajo o cuando caen. Además, recuerda que cuanto más subas, más dura será la caída y, mientras caes, verás por el camino a esas personas a las que ayudaste o humillaste en alguna etapa de tu vida, así que debes conservar tu humildad y sencillez, y no dejes nunca de ser humano y justo.

Hoy en día tengo empresas de varios tipos, pero aún me queda mucho camino por recorrer y todavía puedo mejorar. A algunas personas les pareceré demasiado ambicioso o demasiado preocupado por el dinero, pero en algún punto de la vida comprendes que aún hay muchas oportunidades que explotar y, si no hay personas con la iniciativa necesaria, tú puedes ser el que tome esa iniciativa y explore nuevos horizontes. Además, las situaciones cambian de la noche a la mañana y te obligan a repensar tus planes y reiniciar nuevos retos.

Después de casi un año y medio como presidente de una gran empresa, habiendo desarrollado una carrera maravillosa y después de abrir un gran número de oficinas por toda la nación, de haber capacitado a un gran número de dueños de negocios, de hacer cientos de presentaciones y participar en innumerables reuniones tanto a nivel nacional como internacional, mi época en esa compañía llegó a su fin.

La verdad es que el gran propietario de esas empresas de preparación de impuestos, que están consideradas las más grandes a nivel nacional, se metió en algunos negocios que lo empujaron a asuntos complicados y causaron que el gerente general de la empresa lo despidiera aunque tuviera la mayoría de las acciones. Fue un movimiento comercial que alteró la infraestructura de un gran negocio, así como la de muchas empresas y muchas vidas. Una de esas personas era yo.

Cuando acordé vender mi negocio y aceptar el puesto de vicepresidente, había firmado un contrato con el dueño general de esos negocios según el cual conservaría para mí un porcentaje del trabajo que hiciera, además de otros beneficios. Lamentablemente, quiso retractarse de lo que habíamos convenido y me abordó con algunas propuestas que nada tenían que ver con lo que habíamos acordado al principio. Obviamente, eso me generó una enorme decepción, ya que yo había invertido mucho personalmente en la empresa porque creía de verdad en los resultados y en su filosofía. Con esa situación, todo en lo que creía se estaba yendo a la basura. Todo lo que había hecho para la empresa había merecido la pena porque había ayudado a muchas personas a tener éxito, pero en el nivel personal no me proporcionó lo que yo consideraba justo. Mi compensación, las horas de trabajo, viajes, capacitación y mi propio tiempo, parte de mi vida personal, estaban allí en esa empresa nacional, ese monstruo que ahora no me correspondía de la misma forma en que yo la había correspondido y había asumido mi compromiso con ella.

Eso era algo que yo no podía aceptar. Ya había perdido algo de dinero con ellos, lo cual había aceptado porque sabía que la otra parte de mis ganancias era mayor y más importante y porque no quería prestar más atención a ese asunto. Pero cuando oí la noticia de que no recibiría lo que se había acordado, tuve que tomar decisiones más difíciles y dejar la empresa casi inmediatamente.

Me vi obligado a contratar a un abogado para que se ocupara de mi caso e intentara recuperar lo que me pertenecía legalmente. Ahora el asunto está en los juzgados, esperando a que un juez se haga cargo del caso y dicte un veredicto. Estoy convencido de que obtendré lo que gané con mi trabajo.

Esta es otra lección que quiero que aprendas: da igual con quién hagas negocios o lo famoso, rico, pobre o conocida que sea la otra persona, asegúrate siempre de tener contratos claros en los cuales especifiques cada detalle y cuestión, y discute la letra pequeña de los contratos. Si no lo entiendes, no firmes. Investiga y descubre lo que significa, pero no firmes. Si te presionan para firmar sin darte la oportunidad de preguntar, es porque hay algo extraño oculto detrás de lo que te están ofreciendo.

Ese fue el final de un ciclo que pensé que había sido beneficioso para mi vida. La gran empresa con tentáculos a nivel nacional se desvaneció como el agua y la arena en mis manos. Por otro lado, sin embargo, estaba seguro de que todo era para mejor y que, si había llegado el momento en el que Dios había decidido que me fuera de esa empresa y en esas circunstancias, esa era también mi decisión.

Poco después todo estuvo mucho más claro. En una reunión con una colega de California descubrí que la salida de esa empresa se convertiría en el principio de un proyecto gigantesco que había empezado a desarrollar con la mujer que hoy es mi esposa. Con el apoyo emocional de mis dos pequeñas, hemos empezado a trabajar juntos para empezar un nuevo negocio familiar que ayudará a la comunidad que nos rodea.

# 18

## UN NUEVO CAMINO

Muchas personas aún tienen la imagen de su primer negocio en su cabeza y en su memoria por una razón.

Mientras dirigía y estaba a cargo de esa empresa, todo se hizo de la forma correcta, con honestidad, cumpliendo las leyes y según los estándares más altos de calidad. Siempre estaba disponible para todos mis clientes y siempre me acercaba a ellos con la misma calidez, cordialidad y profesionalidad. Obviamente, eso genera una imagen y una reputación maravillosas.

Tanto la reputación como la imagen de esa empresa permanecen intactas en los recuerdos y percepciones de los miembros de la comunidad, que siguen preguntándome y siguiéndome a dondequiera que vaya para proporcionarles mis servicios profesionales.

Siempre he creído que las personas merecen ser tratadas bien y recibir servicios excelentes con todo el respeto del mundo. Mi esposa y yo decidimos fundar una nueva empresa como la anterior, pero mejorada y revitalizada. Pusimos en práctica todas nuestras lecciones y experiencias pasadas en nuestra nueva empresa.

No fue fácil volver a empezar debido a mi repentina salida del negocio en el que había trabajado durante mucho tiempo. Ya había creado un plan de trabajo a largo plazo, porque estaba convencido de que esa empresa tenía un gran potencial. Además, había muchas cosas que podía haber hecho por la comunidad. En cualquier caso, ese asunto ya se acabó y no quiero profundizar en ello.

Tuve que superar varias dificultades antes de volver a entrar en el mundo de los negocios. Tuve que solucionar algunos problemas legales que de alguna forma me ataban a la empresa anterior, pero que en ningún caso fueron un impedimento para continuar creciendo y haciendo realidad mi nuevo sueño con mi esposa y madre de mis dos hijitas.

Después de consultar con varios abogados y tener en cuenta diferentes opciones, tomamos la decisión de crear esta empresa. Un gran hombre de negocios de California me ayudó con el nombre. Posee varias empresas de preparación de impuestos allí que tienen casi la misma marca y su éxito ha sido rotundo.

Ya puestos manos a la obra, empezamos dando todos los pasos necesarios para abrir el tipo de empresa que queríamos. Solicitamos los permisos y licencias necesarios para llevar a cabo las tareas que ahora ofrecemos a toda la comunidad. Comenzamos contratando personal cualificado que se ocupara de cada puesto que teníamos vacante. Capacitamos a nuestra plantilla no solo para que conocieran el motivo económico de lo que hacemos, sino también para conocer, practicar y compartir nuestra filosofía comercial.

Por supuesto que, para empezar nuestro negocio, hicimos un detallado análisis de mercado para conocer la ubicación ideal para establecer nuestra compañía. No fue algo sencillo porque el éxito de una empresa depende enormemente de ese estudio. No saber dónde establecer un negocio o elegir el lugar erróneo puede condenar un negocio al fracaso desde el principio.

Dimos todos los pasos necesarios para asegurarnos de que nuestro nuevo negocio tenía garantizado el éxito desde su inicio. Claro que nunca puedes garantizar el futuro de una empresa, pero al menos cuando sabes que has previsto todo es más probable que tu negocio tenga un futuro prometedor.

Mi nueva empresa nació de la necesidad imperante en la comunidad de una marca en la que los clientes pudieran confiar sin restricciones y donde encontrar no solo los servicios necesarios, sino también la confianza de estar respaldados por un nombre confiable y conocido con un alto grado de responsabilidad, conocimiento y honestidad.

Tuve la bendición de caminar por ese camino de la mano de mi esposa y mis ángeles. Ellas son los pilares no solo de esta empresa y de las que vengan en el futuro, sino también de mi propia vida. Gracias a ellas hoy tengo una idea muy clara y definida de lo que deseo que sea mi vida de ahora en adelante. Sin duda las tres, junto a los hijos que vengan durante el camino cuando Dios lo decida, son mi vida.

No exagero cuando expreso lo que creo y siento por mi familia. Mi esposa entró en mi vida en un momento muy especial y definitorio, y me dio la luz que necesitaba para salir de donde estaba. Por encima de todo me enseñó la importancia de reconocer nuestros errores, ser honesto con uno mismo y saber que nunca es demasiado tarde para retroceder, pedir perdón si fuera necesario y ajustar todos los tornillos de los engranajes para que la maquinaria siga funcionando como nueva o incluso mejor que antes.

Cariño, eres el faro en la distancia que guía mis pasos y me trae a tierra firme cuando estoy naufragando en un mar de dudas e incertidumbres. Nuestra nueva empresa es en realidad tu creación y tu bebé en el mundo de los negocios.

Este negocio nació no solo para ser una empresa que ofrece servicios —preparación de impuestos, notaría, traducciones, impuestos para hogares, autos y negocios, nóminas, licencia de apertura de negocios y más— sino también para crecer y desarrollarse como empresa líder. Ya ha abierto su segunda sucursal en el área metropolitana.

Sabíamos de antemano que, cuando la comunidad descubriera que habíamos abierto este negocio, no dudarían en solicitar nuestros servicios y se convertirían en nuestros clientes.

En este mundo, y como resultado de la experiencia, uno encuentra personas que tiene buenas ideas e iniciativas, las cuales únicamente necesitan un pequeño empujón de apoyo y ayuda para avanzar. Además, demuestran con su actitud y trabajo el deseo de hacer cosas grandes e importantes. La nueva sucursal es el producto de la iniciativa de un gran personaje que, durante algún tiempo, estuvo buscando una oportunidad para desarrollar la semilla que llevaba dentro. Es un hombre infatigable que decidió centrar su mente en su objetivo y ahora está recibiendo los frutos de sus esfuerzos.

Ya tiene mucha experiencia como hombre de negocios, pero, debido a varias circunstancias, se había retirado temporalmente del mundo de los negocios y estaba buscando de nuevo una gran oportunidad para desarrollar lo que quería. Una vez más, da igual quién seas o la experiencia que tengas o no tengas, si lo deseas y trabajas duro, lo consigues. Tengo la certeza de que es así.

Hemos regresado al mundo comercial local. Estamos en pleno apogeo y crecimiento y nada nos va a detener. Avanzamos con todo y tenemos un servicio para cada persona. Este nuevo esfuerzo emprendedor nació para quedarse y consolidarse como la primera empresa dedicada a los servicios para latinos en toda el área metropolitana.

Quería dejar para el final de este capítulo un tema que me enorgullece, no solo por lo que representa para mí personal y profesionalmente, sino también porque, desde mi punto de vista, creo que es un elemento de orgullo para la comunidad latina que de alguna forma represento.

En octubre de 2017 fui invitado como experto en el mercado hispano de los Estados Unidos por el Instituto Integra y la Comisión Nacional para la Protección y Defensa de los Usuarios de Servicios Financieros (CONDUSEF) a la segunda mesa redonda con el presidente de CONDUSEF, altos ejecutivos de instituciones financieras mexicanas y estadounidenses, ejecutivos de empresas de envío de dinero y funcionarios del gobierno mexicano y estadounidense, la cual tuvo lugar el 26 de octubre de 2017 en Ciudad de México.

El Instituto Integra está formado por emprendedores, estudiantes y profesionales. Su misión es contribuir al desarrollo profesional e intelectual de la comunidad mexicana residente en los Estados Unidos. CONDUSEF es una agencia gubernamental que promueve y proporciona educación y transparencia financiera, para que los usuarios estén informados de las decisiones que toman sobre beneficios, costos y riesgos del sistema financiero mexicano, así como la forma de proteger sus intereses mediante la supervisión y regulación de las instituciones financieras.

Los temas tratados fueron muchos y muy importantes, entre los que se encontraban:

- las oportunidades y desafíos de la inclusión financiera de los mexicanos que viven en los Estados Unidos y en México;
- el área de oportunidad del mercado de remesas entre México y los Estados Unidos;
- cómo conceder poder financiero a los mexicanos que viven en los Estados Unidos; y
- cómo financiar colectivamente la tecnología que puede beneficiar a los mexicanos que viven en los Estados Unidos y a sus familias en México.

Tuve la oportunidad de participar en el debate de la mesa redonda y ofrecer mis puntos de vista y las experiencias de mi trabajo con la comunidad latina a nivel nacional.

La nueva administración de los Estados Unidos ha hecho cambios en el sistema de impuestos, y ese tema también se incluyó en la mesa redonda para aprender un poco más sobre las repercusiones para los contribuyentes, especialmente para la comunidad mexicana y latina en general que reside en los Estados Unidos.

El evento fue una gran experiencia y una gran oportunidad para intercambiar ideas, compartir otros puntos de vista, contribuir con mi conocimiento a todos los asistentes y, por supuesto, hacer nuevos contactos que representan oportunidades de todo tipo.

# 19

## ¿Y SI ?

Muchas veces me he preguntado qué habría ocurrido en mi vida si hubiera nacido en una familia normal. Cuando digo normal me refiero a un padre que vive y está en casa, una madre que no sufra las situaciones que vivió mi madre y, sobre todo, la presencia de alguien que me guiara, me aconsejara y me ayudara en los momentos claves y las situaciones difíciles que atraviesan todos los seres humanos.

Imagino que, si hubiera nacido en esa familia normal, no habría distribuido marihuana, no habría sido ladrón de autos, no me habría metido en problemas con las armas de fuego y tampoco habría ido a prisión. Tal vez habría ido a la escuela, habría recibido una beca de deportes y habría acabado en la universidad. Lo más probable es que hubiera sido profesional en algún deporte y a esta edad estaría retirado y sería entrenador en una escuela o en una universidad.

Otra opción es que me podría haber convertido en uno de esos muchachos a los que sus padres les dan todo. Me habría graduado en la universidad, habría tenido mi propio auto, habría vestido ropa de marca y habría tenido de todo porque mi jefe —mi padre— me habría sobreprotegido y me lo habría dado todo.

Tengo la certeza de que no habría tenido que sufrir todas esas experiencias negativas de índole familiar, social y económica que nos fueron impuestas a mí y a otros muchos jóvenes en nuestra vida.

Pero no, nací en una familia bastante distinta. Mi padre no estaba casi nunca en casa y mi madre sufría por distintas causas. Mis dos hermanas mayores hicieron todo lo que pudieron para ayudar, pero no fue suficiente. Crecí sin orden ni autoridad. Mis padres solo me hablaban para gritarme y regañarme. Así que mi vida, mi mundo, estaba afuera, donde encontraba lo que no tenía en casa y donde la gente me decía lo que quería oír. Bien, hoy creo que ese era precisamente su juego: hacer felices a otras personas para que hicieran lo que ellos querían que hicieran.

Como ya dije, durante mucho tiempo estuve convencido de que no cumpliría los dieciocho años. Ese pensamiento era consecuencias del ambiente en el que vivía y las cosas que hacía. Además, en nuestra comunidad muchos jóvenes no llegaban a los dieciocho. Mi mejor amigo murió a los dieciséis y siempre me pregunté: «*Seré yo el siguiente? ¿Me despertaré vivo mañana? ¿Y la semana que viene?*».

Si no hubiera vivido todas esas experiencias negativas, me pregunto si habría llegado un momento en el que me preguntara a mí mismo: «*¿Qué estás haciendo con tu vida?*». O si habría reaccionado cuando mi abuelo me dijo: «Estás malgastando tu vida. Haz algo positivo con ella». Seguro que no, porque habría tenido una vida a medias muy mediocre. Tal vez para muchos habría sido una vida de éxito porque habría tenido un empleo que me habría proporcionado suficiente dinero para pagar las facturas, pero no habría tenido ni la mitad de lo que tengo hoy y de lo que planeo tener, y no habría vivido la cantidad de experiencias que he tenido en mi vida, tanto positivas como negativas. Tampoco habría sido la persona que considero que soy, con mis cualidades humanas y con mis defectos, por supuesto, como cualquier otro ser humano.

Soy consciente de que muchas de esas experiencias no son para estar orgulloso de ellas, pero así fue mi vida. La viví y la disfruté mientras duró, de la misma forma que ahora vivo y disfruto mi vida actual. Todas esas experiencias me proporcionaron la sabiduría y las ideas creativas para avanzar y no rendirme. Me protegieron de toda clase de tormentas, como la maldad, las traiciones y la envidia de algunas personas que más tarde entraron en mi vida, de todas las cosas que son producto de las situaciones malas y negativas de mi vida.

Repito: no son cosas de las que enorgullecerse o de las que presumir como un pavo real, pero esa era mi vida. Fue lo que me tocó vivir y lo viví por mi propio bien y por el bien de los que me rodeaban. La ventaja es que avancé, recapacité, reestructuré mi camino y enderecé lo que estaba torcido.

No importa de dónde vengas o lo que hayas hecho, si quieres que haya un cambio positivo en tu vida siempre hay un camino que puedes seguir.

Siempre se nos presentan oportunidades. Simplemente debemos tomarlas, como cuando alguien nos arroja un salvavidas en medio del océano. Debemos aferrarnos a él porque nos mantendrá a flote. Pero todo depende de ti y de nadie más.

Si quieres tener éxito y salir del oscuro túnel en el que te encuentras o simplemente dar un paso hacia adelante, hazlo ahora. No te detengas, no permitas que te corten las alas. El momento es ahora. No dejes para mañana lo que puedas hacer ahora mismo, porque mañana habrá alguien ocupando el puesto y la oportunidad que desperdiciaste hoy y esa oportunidad habrá desaparecido.

Cuando digo *ahora*, no quiero decir que salgas a toda prisa a hacer cosas. Lo que intento decir es que ahora es el momento, el preciso instante para empezar a planear lo que quieres ser y lo que deseas hacer en tu futuro. Si te viene a la cabeza una idea o un proyecto que quieres desarrollar, ponlo en práctica. No lo guardes dentro de tu cabeza porque allí no florecerá. Es como si tuvieras una planta con las flores más hermosas, pero, si no la riegas, la cuidas y la sacas al sol, esa flor morirá y nunca más dará hermosas flores. Se secará y de ella solo quedará el recuerdo.

Tienes que hacer lo mismo con lo que quieres lograr en la vida. Debes desarrollar un plan y ajustar las cosas que crees que no son buenas para ti y para tu proyecto. Habla con otras personas que tengan experiencia en ese entorno y que puedan ayudarte, y busca en Internet los recursos que hay en la comunidad donde resides. Mira si tu gobierno local, estatal o federal ofrece ayuda y recursos para personas como tú. Si eres creyente, habla con tu sacerdote o pastor. Participa en clases de capacitación relacionadas con tu proyecto. Recuerda que puedes encontrar personas que te den ideas en muchas partes sin tener que hablar específicamente de tu proyecto. Busca y pregunta, pero no te quedes quieto. Muévete.

Tienes que tener claro en tu mente que puedes lograrlo, eres capaz, puedes tener éxito y lo tendrás. No apartes la mente de eso. Elimina las cosas malas: los pensamientos negativos, las malas amistades, los malos consejos y los malos consejeros. Erradica las vibraciones negativas de tu entorno y de tu ser. Esas vibraciones negativas afectan no solo a tu proyecto o a tu empresa, sino también a ti y a las personas que te rodean.

No te quedes con el recuerdo, prueba suerte ahora y agarra al toro por los cuernos. Nada en la vida es tan grande que no puedas conseguirlo, solo tienes que tomar la decisión de hacerlo.

Lamentablemente, nadie puede hacerlo por ti. Hay otros que pueden desarrollar la idea en tu lugar, mostrársela al mundo, crear empleos y oportunidades y hace que tu idea sea un éxito rotundo, pero, por supuesto, se la quedarán y lamentarás no haber sido más audaz y arriesgado. Tendrás que ver cómo tu idea se mueve por todas partes mientras tú continúas meditando, pensando y viendo el triunfo de otros con lo que tú tenías en mente.

Recuerda que no importa quién seas, de dónde vengas, el idioma que hables, el color de tu piel, lo que hayas hecho de tu vida en el pasado o las alegrías o sufrimientos de tu existencia. Nada de eso importa si tienes claro lo que quieres conseguir. Y, por supuesto, todos los ingredientes que acabo de mencionar van a formar parte de tu receta, pero no son el verdadero motivo para desarrollar tu idea y proyecto.

Repito: esas son solo experiencias. Puedes usar las experiencias en tu beneficio, pero estas no deben limitar o minimizar las oportunidades de éxito. Al contrario, esos son los ingredientes de la receta para el éxito que darán mejor sabor, color, textura y olor al proyecto que deseas comenzar.

Recuerda que todo conlleva un sacrificio y el trabajo implica esfuerzo. No todo llega gratis, por herencia o porque eres alto, guapo, rubio, negro, latino, asiático o cualquier otra cosa. Las oportunidades no son así. Tenemos que planear, trabajar, analizar y hacer. No podemos permanecer estáticos; tenemos que estar moviéndonos siempre y buscando soluciones, ideas, mejoras, cambios y nuevos servicios o proyectos.

Los que se quedan sobre el escritorio morirán durante la siguiente temporada. Los que no cambian o se actualizan están destinados a ser estáticos y acabar enterrados en el olvido y abandono de sus clientes.

Para sobrevivir, sostenerse y continuar en el mercado, estás obligado a cambiar, modificar e inyectar nueva sangre, nueva energía, promociones, descuentos, marketing y un amplio abanico de estrategias que ayudarán a hacer que tu negocio, tu nombre y tu marca crezcan todos los días y no desaparezcan.

Me gustaría ponerte un ejemplo de la importancia de estas palabras. Antes hablé de un gran hombre que me ayudó hace muchos años cuando trabajaba con Jackson Hewitt. Me dio la oportunidad de empezar en su empresa, aprender cómo preparar los impuestos y poner en práctica mis conocimientos de contabilidad. Tenía veintitrés oficinas que ofrecían servicios de preparación de impuestos y me nombró jefe de una de ellas por primera vez en mi vida. Lamentablemente, no puso en práctica las estrategias y sugerencias de cambios, actualizaciones y capacitación, y fracasó de forma rotunda. A día de hoy no le queda una sola oficina de las veintitrés. El imperio que había creado con trabajo y sacrificio se quedó en el pasado. No hizo cambios, no se actualizó con la tecnología y los avances le pasaron factura. Como resultado, acabó perdiendo todo lo que había construido a lo largo de los años.

Sigue actualizándote, capacitándote cambiando y trayendo nuevas ideas a tu negocio y proyectos para que se mantengan al día, vibrantes, atractivos y populares.

# 20

# A LA COMUNIDAD

Creo que lo que obtenemos y conseguimos en la vida es un producto no de la suerte, sino de una serie de pasos y situaciones que comprendemos poco a poco a medida que transcurre el tiempo.

Por supuesto que las personas que nos rodean son una parte fundamental del proceso, y me refiero a todos, desde los clientes a nuestros trabajadores, los funcionarios del gobierno que aprueban las licencias y permisos y comprueban la información, los proveedores y nuestras familias.

Como miembros activos de la comunidad, tenemos una obligación (no legal, pero sí moral e interna) de ayudar y dar lo que recibimos, devolviendo parte de la ayuda y apoyo que otros miembros de la comunidad nos dan a nosotros. No es un secreto que sin nuestros clientes no existiríamos y no habríamos alcanzado los lugares que hemos alcanzado. ¿Qué mejor forma de recompensarlos que ayudando y participando en eventos y celebraciones sociales, culturales y deportivas?

Ten presente que no solo es importante y necesaria la ayuda financiera, sino también otro tipo de ayuda. Hazte presente, sé solidario y di: «Estoy contigo». Expresa opiniones y pronuncia palabras que ayuden y motiven a otros para avanzar.

En mi vida he tenido y aún tengo la maravillosa oportunidad de compartir mi historia y mis experiencias con niños y jóvenes.

Cuando era más joven no quería que la gente supiera lo que había sido. Habría preferido ocultarlo, llevármelo a la tumba y dejarlo allí para siempre. Durante años pensé así. Sin embargo, el tiempo y las influencias positivas me hicieron cambiar de opinión.

No me enorgullezco al decir que era un delincuente y que estuve en prisión, no es buen ejemplo para nadie. Sin embargo, eso formó parte de mi vida. Otras personas tienen sus secretos y cosas no tan bonitas en sus vidas para contar y compartir.

Después de recorrer muchos caminos, conocer a muchas personas, saber sus historias y leer muchas otras, además de las lecciones, la sabiduría y la madurez que afortunadamente me dieron los años, entiendo que el pasado, pasado es, y que lo que soy hoy es de hoy y es también parte de mi futuro. Además entiendo que lo que yo experimenté, aunque no es agradable de contar, puede ayudar a muchos a entender y aceptar sus realidades e incluso mejor, a entender y reconsiderar que hay posibilidades positivas y que pueden tener éxito en la vida a pesar de las cosas negativas que han marcado su pasado. No es fácil, lo sé, pero no es tan difícil como parece. Dista mucho de ser imposible.

Con todo esto en mente, decidí abrir mi corazón, mi alma y mi cabeza para contarle a la gente, incluyendo a mi hijo y a mi comunidad, la verdad de mi vida. Pocos sospecharían que la persona que ven en las calles estuvo en prisión a la edad de dieciocho años y distribuía marihuana cuando todavía era alumno de la escuela elemental.

Tal vez lo más importante para mí y en lo que deseo invertir la mayor parte de mi tiempo y esfuerzo es en hablar con niños y jóvenes.

Quiero hacerles entender que la vida no es fácil, el mundo se revela de una forma alocada, hay personas de todo tipo a su alrededor y es importante saber quiénes son y a quiénes tienen a su lado como amigos y socios. El éxito potencial que puedan tener dependerá en gran medida de esto.

Pero también me gustaría contar mi historia y enfatizar que, en la vida, hay oportunidades esperando a que alguien diga: «¡Aquí estoy! Yo seré quien desarrolle esa oportunidad, haré que madure y la dejaré crecer en la comunidad».

Me gustaría que los jóvenes y los niños comprendieran que no todo es como parece en la televisión. No todo es violencia, fiestas o estar en las calles. Los vicios y las drogas no conducen a ningún lugar bueno. Nos llevan al hospital, a la cárcel o a la muerte.

Esa es la verdad y la realidad. Tarde o temprano, aquellos que están implicados en vicios y drogas conocerán por lo menos uno de los tres lugares mencionados anteriormente: un hospital, una prisión o la muerte. Eso es indiscutible. Te guste o no te guste, esa es la realidad.

Me gustaría compartir este mensaje con ellos. Estoy seguro que muchos otros se lo han dicho antes, pero ¿cuántas de esas personas han vivido la vida y el mundo que yo he vivido? Estoy convencido de que muy pocos o ninguno. Créanme, mi mensaje es diferente del mensaje expresado por esas personas. Somos polos opuestos en experiencias, pero estamos unidos en el objetivo y en el mensaje.

Al final es mucho más valioso cuando alguien que ha estado inmerso en esos intricados laberintos de los bajos fondos emerge para contar sus experiencias: expresar por qué no es bueno estar ahí, aconsejar a otros y darles buenas vibraciones para tener éxito y ser beneficioso para la comunidad.

Para mí es mucho más valioso poder hablar a estas personas que tener la oportunidad de hacer una donación, patrocinar un equipo de fútbol o celebrar un evento. Me proporciona mayor satisfacción estar en contacto directo con jóvenes, ver sus rostros, responder a sus preguntas y abordar sus preocupaciones.

Me encanta hacerlo y nunca me cansaré de ello. Estaré aquí cuando alguien desee invitarme a hablar. Deseo compartir no solo mis conocimientos y habilidades, sino también mis experiencias vitales con cualquiera que se acerque a mí en busca de consejo y ayuda.

Como dije, patrocino equipos y ligas de fútbol. Me encanta el fútbol y, en cada ocasión que la vida me lo permita, haré todo lo que esté en mi mano para ayudar a niños y jóvenes a practicar este deporte. También he sido *coach* en iglesias cuyas actividades se han desarrollado pensando en el bienestar de los niños.

Colaboro con organizaciones sin ánimo de lucro para que puedan seguir llevando a cabo sus funciones para ayudar a la comunidad, y también proporciono asistencia a varios eventos comunitarios para el desarrollo cultural y emocional de las familias de inmigrantes que necesitan urgentemente nuestra ayuda. Es importante que las personas que reciben este apoyo sean realmente aquellos a quienes queremos llegar y no otros que tal vez no necesiten ayuda o puedan obtenerla a través del gobierno o de instituciones formales.

Mi apoyo está y continuará estando enfocado en los que más necesitan la ayuda y, por supuesto, en la comunidad latina y los inmigrantes en general.

Mi empresa participando y asistiendo a El Juguetazo, una
celebración cultural de las comunidades latina y asiática
en el condado de Chesterfield, Virginia. Todos los niños,
independientemente de su idioma, nacionalidad o estatus reciben
regalos nuevos y los abren en un evento repleto de alegría,
felicidad, diversión y una gran sensación de comunidad.

Mi querida esposa Katherine y mis dos princesas Ariana y Luna

Mi iniciativa empresarial más reciente.
Junto a los embajadores y asociados de
AmeraTax and Business Services
Una franquicia de preparación de textos
Agosto de 2020

# 21

# EL CRECIMIENTO NUNCA SE DETIENE

Cuando voy en auto por las calles de Virginia, noto casi todas las cosas. Presto atención a los anuncios, a las señales de tráfico, a las tiendas y a las personas. Presto atención a todo, no a los chismes o a nada parecido, pero he aprendido que siempre puedes encontrar ideas en todas partes y en todo. Además, no me gusta ir por ahí como una marioneta o un muñeco. Me gusta disfrutar con el paisaje en la carretera.

Así es como va mi vida. Presto atención a muchas cosas al mismo tiempo porque sé que en cualquier momento puedo descubrir una oportunidad para continuar creciendo y desarrollándome como comerciante y como profesional.

Incluso las cosas aparentemente más estúpidas e insignificantes pueden brindar grandes beneficios si tienes la habilidad de ver y analizar las posibilidades de desarrollo y crecimiento que pueden existir. Por ejemplo, una vieja cabaña o una esquina lejana, un lote vacío cercano a un basurero, chatarra dejada en algún lugar remoto o una pequeña comunidad de personas que carecen de servicios y atención.

Podría enumerar muchos más ejemplos, pero creo que estos son suficientes para hacerte entender y poner en perspectiva la idea de estar atento siempre a las oportunidades y opciones para acometer nuevas iniciativas comerciales o para desarrollar la primera. Tenemos que estar atentos a las señales que a menudo pasan desapercibidas ante nuestras narices sin que seamos conscientes de ellas.

Vivo para dar caza a tales posibilidades. Permanezco atento a todo lo que veo y a cualquier cosa que crea que podría tener un futuro en mi desarrollo. Obviamente, hay muchas cosas que no me interesan aunque les vea potencial, porque no voy a meterme en todo tipo de negocios, y tampoco quiero hacerlo. Aunque sea algo que puede tener éxito en el futuro, si no es algo que me guste hacer, simplemente lo dejo para que otra persona a la que le guste pueda desarrollarlo y trabajar en esos campos para explotarlos y hacerlos crecer en ese mercado en particular.

Ahora, si esa oportunidad es algo que atrapa mi atención y entra dentro de mi mercado y mis intereses, entonces voy de caza, atrapo la presa y no la suelto hasta que sé que es mía y puedo seguir adelante.

Tengo el convencimiento de que seguiré trabajando así en años futuros, fundando nuevas empresas y dando a la gente una oportunidad de negocio y de crecimiento personal. No todo lo que hago es para mí o para mi familia. Creo que tengo un compromiso con la comunidad, con los jóvenes y con las personas que quieren avanzar, empezar sus propias empresas y ser sus propios jefes.

Aquellos que quieran subirse a este tren de éxito y triunfo conmigo son más que bienvenidos. Las puertas están abiertas para todos siempre y cuando entren con energía positiva y la intención de elevarse para la ocasión y el progreso. No quiero a nadie que venga con la idea de interrumpir el flujo triunfante de los que desean progresar.

En este momento no podría especificar las oportunidades que me gustaría explorar en el futuro, pero soy receptivo y tengo las pilas bien cargadas, abierto a detectar cualquier oportunidad. Además, tengo mi oficina abierta para aquellos que quieran venir con sus propias ideas y necesiten ayuda, apoyo y consejo profesional que yo y las personas que trabajan en mi empresa están deseando ofrecer.

Mi vida familiar continuará creciendo y mejorando. Ahora estoy casado y mi esposa y yo tenemos dos hijas preciosas. Juntos formamos un hogar maravilloso. Por ahora, no tenemos planes para tener más hijos, pero nunca se sabe. Dios dirá o nos sorprenderá un día con esa feliz noticia.

Continuaré sin duda haciendo todo el esfuerzo que pueda para hablar con los niños y jóvenes sobre los problemas negativos que rodean a la juventud actual. Y, lo que es más importante, también puedo contarles las cosas positivas que ofrece la vida y de qué modo todos nosotros podemos formar parte de ella y aprovechar esas cosas buenas y agradables que la vida tiene reservadas para todos nosotros, seamos quienes seamos.

El crecimiento y el desarrollo no se pueden detener. Puedes hacer lo que quieras, da igual dónde estés o con quién estés. Siempre llegará un momento en el cual el entorno te obliga a cambiar, evolucionar y mejorar, y si no lo haces, deberías avergonzarte. Estas palabras, aunque parezcan un trabalenguas, son ciertas: debemos cambiar cuando el cambio cambia, de forma que el cambio no nos cambie.

No te detengas. Simplemente tómate un descanso, respira profundamente y después continúa con tu camino. Siempre hay alguien a tu espalda deseando superarte y dejarte tirado en el camino. Es tu responsabilidad estar siempre despierto y atento. Progresa, atrévete, avanza y crece, pero no olvides que eres un ser humano y que estás rodeado por otros seres humanos que te necesitan y a quienes también puedes echar una mano en algún momento de tu vida.

No importa quién eres o quién has sido. Importa lo que quieres y lo que planeas ser.

Recuerda rodearte de buenas personas. Mantén tu familia unida y ten a Dios siempre presente en tus pensamientos. No importa si la situación es negativa, porque Dios nunca te abandona. Siempre estará contigo y te llevará en sus brazos cuando el camino se vuelva estrecho y empinado. Conserva a Dios en tu corazón y en todo tu ser.

Printed in the United States
By Bookmasters